W0406027

Passt genau!

Dr. Eva Wlodarek ist Diplom-Psychologin. Ihre Doktorarbeit schrieb sie über „Glücklichsein“. Neben ihrer erfolgreichen Praxis als Psychotherapeutin und Coach war sie 20 Jahre lang die beratende Psychologin der Zeitschrift „Brigitte“. Als Expertin ist sie häufig in den Medien. Sie ist eine gefragte Referentin und Seminartrainerin. Mit dem MagicMe-Coaching hat sie das erste Onlineprogramm für Frauen entwickelt, die ihre Ausstrahlung verbessern möchten. Ihre Ratgeberbücher sind Bestseller und wurden in mehrere Sprachen übersetzt.

www.wlodarek.de
www.magicme-coaching.de

Eva Wlodarek

Passt genau!

Endlich den richtigen Partner finden

Deutscher Psychologen Verlag
Berlin

Namen und andere Daten wurden von der Autorin geändert.

Bibliografische Information der Deutschen Nationalbibliothek
Die Deutsche Nationalbibliothek verzeichnet diese Publikation in der Deutschen Nationalbibliografie; detaillierte bibliografische Daten sind im Internet unter http://dnb.d-nb.de abrufbar.
ISBN 978-3-942761-25-3

Das Werk einschließlich aller seiner Teile ist urheberrechtlich geschützt. Jede Verwertung ist ohne Zustimmung des Verlags unzulässig. Das gilt insbesondere für Vervielfältigungen, Übersetzungen, Mikroverfilmungen und die Einspeicherung und Verarbeitung in elektronischen Systemen.
Copyright © 2013 Dr. Eva Wlodarek / Deutscher Psychologen Verlag GmbH, Berlin
Illustrationen : Eva Wlodarek, Hamburg
Umschlaggestaltung : Elke Scholz, Hamburg
Umschlagmotiv : Fotolia / © Franz Pfluegl
Umschlagfoto : Katrin Saalfrank
Druck und Bindung: CPI books GmbH, Leck
Printed in Germany
www.psychologenverlag.de

Inhalt

Vorwort

Keine Frage, es gibt zig gute Bücher zum Thema Partnersuche. Die empfehle ich auch immer gerne zu bestimmten Aspekten. Warum also trotzdem noch dieses? Ganz einfach: Weil die meisten Ratgeber zu kurz greifen: Sie setzen *außen*, bei der Suche an. Beschreiben, wie man sich geschickt verhält, was man tun und lassen sollte. Alles wichtig, aber nach meiner Erfahrung ist das nur die halbe Miete.

Mit der Frage "Wie finde ich den passenden Partner?" beschäftige ich mich schon seit vielen Jahren. Auslöser waren seinerzeit Seminare und Vorträge, die ich unter dem Titel "Ich gerate immer an den Falschen" und "Von der Liebe enttäuscht - wie finde ich den richtigen Partner?" für Leserinnen von BRIGITTE hielt. Nachdem ich außerdem zur Ergänzung einen Bestseller mit dem glasklaren Titel „Den richtigen Mann finden“ geschrieben hatte, vertrauten mir im Laufe der Zeit Hunderte von Klientinnen, dass ich ihnen in diesem Punkt weiterhelfen könnte.

Und dabei stellte sich ganz eindeutig heraus: Das Problem lag zum geringen Teil an äußeren Umständen. Etwa wenn jemand allein auf dem Land wohnte und dort höchstens beim Schützenfest auf ein paar nette Kerle traf. Oder wenn eine Frau aus Süddeutschland nach einem Umzug in den Norden auf die mentalitätsbedingte Zurückhaltung stieß. Oder wenn eine alleinerziehende Mutter kaum aus dem Haus kam.

In 99 Prozent aller Fälle jedoch hing das ungewollte Singleleben mit inneren Bremsen zusammen. Mit Altlasten aus der Vergangenheit. Mit einem falschen Selbstbild. Mit unbewusster Angst vor Nähe.

Mein Fazit: Ein Ratgeber, der nachweislich Wirkung zeigen soll, muss *innen* ansetzen. Erst wenn man mit den eigenen Gedanken, Gefühlen und Verhaltensweisen im reinen ist, greifen die vielen guten Tipps, wie und wo sich der passende Partner finden lässt.

Natürlich hat sich im Laufe der Zeit einiges geändert: Wir Frauen sind unabhängiger und selbstbewusster geworden. Außerdem eröffnen die Partnerbörsen im Internet ganz neue Möglichkeiten. Und doch gilt, was ein französisches Sprichwort so weise ausdrückt: „Plus ca change, plus cést la meme chose“ – Je mehr sich etwas ändert, desto mehr bleibt es gleich. Auch in neuer Erscheinungsform sind es noch immer die gleichen Hindernisse. Nach wie vor errichten wir unbewusst innere Barrieren und glauben, es läge an den Umständen, dass wir allein bleiben.

Aus diesem Grund habe ich mich entschlossen, meinen „Klassiker“ von damals komplett neu zu überarbeiten und habe ihn um aktuelle Möglichkeiten erweitert - weil es mir weiterhin sehr am Herzen liegt, das Wissen weiterzugeben, das auch im privaten Bereich zu Glück und Erfolg führt.

Was Sie jetzt in der Hand halten, ist ein fundiertes, komplettes Programm, um den passenden Partner zu finden. Die einzelnen Schritte bauen systematisch aufeinander auf, lassen sich aber nach Bedarf auch einzeln nutzen. Für die E-Book Leser : Wo Sie etwas ankreuzen, zeichnen oder notieren sollen, verwenden Sie bitte zusätzlich Papier und Stift.

Ich wünsche Ihnen, dass Sie mit diesem Ratgeber Ihre große Liebe finden.
Und noch etwas: Bitte schicken Sie mir dann eine Nachricht, per Mail, Anruf oder Postkarte, damit ich mich mit Ihnen freuen kann.

Ihre
Eva Wlodarek
(www.wlodarek.de)

P.S. Damit ich Ihnen nicht nur etwas für Kopf und Herz, sondern auch fürs Auge biete, habe ich das Buch für Sie selbst illustriert.

Für Eva W.

1. Schritt: Das Herz aufräumen!

1. Schritt – Das Herz aufräumen

Fangen wir also gleich mit den praktischen Tipps an, wie Sie garantiert Ihren Traummann finden? Tut mir leid, aber das muss noch etwas warten. Jetzt ist erst einmal wichtig, dass wir uns mit dem Status Quo befassen. Weil Gefühle und Einstellungen - die meist noch aus der Vergangenheit stammen - entscheidend Einfluss darauf haben, was Ihnen demnächst in einer Beziehung passieren wird. Die amerikanische Autorin Marianne Williamson fasst diese Zusammenhänge in ihrem Buch „Rückkehr zur Liebe" mit einem treffenden Satz zusammen: „Der Gedanke ist die Ursache, die Erfahrung ist die Wirkung." Deshalb ist es auch für eine zukünftige Partnerschaft unverzichtbar, sich erst einmal die Gegenwart und die Vergangenheit anzuschauen. Sie kommen nicht um die Frage herum: Bin ich wirklich innerlich frei für eine Beziehung? Die folgenden Gefühlsbarrieren kommen besonders häufig vor. Vielleicht erkennen Sie sich in einer dieser Situationen wieder und finden Anregung, wie Sie sich davon lösen können:

Ich kann meine große Liebe nicht vergessen

Wer einmal die große Liebe erlebt hat, weiß genau, was er sucht und hat es deshalb besonders leicht, sollte man glauben. Tatsächlich kann es im Gegenteil so sein, dass sich diese Erfahrung eher hemmend auswirkt.

Anna und Leon lernten sich im Job kennen und heirateten bald. Dann nach vier Jahren die Katastrophe: Leon verunglückte tödlich mit seinem Motorrad. Seitdem lebt Anna allein. Zwar gibt es immer mal wieder jemanden, der sich für sie interessiert, aber Anna findet an jedem etwas auszusetzen. Der eine ist zu unsensibel, der andere hat nicht die passende Bildung, ein dritter wohnt zu weit weg. Anna lebt mit Leon weiter. Äußerlich erkennt man es daran, dass seine

Fotos noch überall in der Wohnung hängen und dass die Einrichtung sich seit der gemeinsamen Zeit kaum verändert hat. Im Grunde sucht Anna einen zweiten Leon. Den aber gibt es nicht.

Man muss nicht unbedingt eine trauernde Witwe sein, um von Erinnerungen blockiert zu werden. Jede Liebe, die wir nicht vergessen können, hat den gleichen Effekt.

Katrin hat sich bei einem Austausch von Wissenschaftlern in einen Amerikaner verliebt. Nach ein paar intensiven Monaten musste George wieder zurück nach Boston. Seitdem telefonieren sie. Die Chancen, dass sie beide dauerhaft zu einander kommen, sind jedoch sehr gering. In letzter Zeit hat Katrin sogar den Eindruck, dass George sich von ihr zurückzieht. Er meldet sich kaum, und wenn, dann erzählt er nur Belanglosigkeiten. Sie vermutet, dass er eine andere Frau kennengelernt hat. Mit dieser Vorstellung quält sie sich, findet aber nicht die Kraft, die Verbindung zu beenden. Solange Katrin an George hängt, sind andere Männer in der Nähe für sie uninteressant.

Falls durch äußere Umstände eine glückliche Beziehung in die Brüche gegangen ist oder wenig Chancen hat, ausgelebt zu werden, messen wir möglicherweise jeden neuen Partner an dem (alten) Ideal. In dem Fall sollten wir uns wirklich fragen, ob wir den Rest unseres Lebens mit der Liebe zu einem Phantom verbringen möchten. Vielleicht ist es besser, sich mit Dankbarkeit für die schöne Zeit innerlich zu verabschieden und wieder frei zu werden.

Die Trennung ist noch frisch

Wenn die Trennung erst kürzlich war, gelingt es selten, sofort eine neue Beziehung anzufangen. Erst einmal braucht die Trauer ihre Zeit. Wir würden uns selbst vergewaltigen, wollten wir alles möglichst schnell bewältigen und vergessen. Ohnehin glauben wir im akuten Stadium meist, dass wir nie im Leben wieder froh sein werden. Die

Erfahrung zeigt jedoch, dass die Lage nach einer Trennung keineswegs so hoffnungslos ist, wie sie scheint. Aus psychologischer Sicht gibt es einen typischen Verlauf, bestimmte Phasen, in denen man allmählich aus dem Tal der Tränen langsam wieder in die Höhe steigt. Natürlich laufen sie nicht strikt nach Plan ab. Zeitweilig vermischen sie sich oder wechseln abrupt. Auch wie lange man in jeder verharrt, ist unterschiedlich. Im Großen und Ganzen jedoch folgen die Phasen deutlich aufeinander. Wenn wir sie kennen, können wir sie als Leuchtturm im wilden Meer der Gefühle nutzen:

In der ersten Phase sind wir geschockt und wollen die Trennung nicht wahrhaben. Wir sind davon überzeugt: Es ist nur eine vorübergehende Krise. Er liebt mich doch. Er überlegt sich das noch. Er kommt wieder zu mir zurück. Inständig wünschen wir, es wäre nur ein böser Traum und versuchen mit allen Mitteln, den anderen doch noch umzustimmen.
In der zweiten Phase brechen heftige Gefühle auf. Wenn wir erkennen, dass es tatsächlich kein Zurück mehr gibt, kommt die Verzweiflung. Unser Körper reagiert heftig.
In der dritten Phase orientieren wir uns neu. Langsam geht es aufwärts. Nach und nach gewinnen wir wieder Freude am Leben und entwickeln ein neues Interesse an unserer Umwelt.
In der vierten Phase haben wir die Realität akzeptiert und wissen nun: Das Leben geht auch ohne den ehemaligen Partner weiter. Ganz allmählich können wir uns sogar vorstellen, wieder eine Beziehung einzugehen.

Alle vier Phasen zusammen bezeichnet man als "Trauerarbeit". Dieses nicht besonders schöne, aber passende Wort besagt, dass wir keine dieser Phasen überspringen dürfen. Sämtliche damit verbundenen Gefühle sollen ausgelebt und ausgedrückt werden, um sie auf diese Weise zu überwinden. Gute Freunde sind in der Krise Gold wert. Bei ihnen können wir uns aussprechen und ausweinen. Aber wir dürfen sie auch nicht überstrapazieren. Immer wieder das gleiche

Klagelied zu hören, macht selbst die beste Freundin auf die Dauer mürbe. Schließlich gibt es noch andere Möglichkeiten, sich mit eigenen Mitteln zu helfen. Vor allem das Tagebuchschreiben hat sich bewährt. Es hat zudem den Vorteil, dass wir immer wieder schwarz auf weiß nachlesen können, wie weit wir uns bereits an den Haaren aus dem Sumpf der Trauer gezogen haben. Sinnvoll ist es auch, sich eine psychotherapeutische Begleitung zu suchen. Jede mit Schmerz verbundene Trennung ist eine tiefe Krise, die man nicht unbedingt tapfer alleine bewältigen muss. Sie ist aber immer auch eine Chance zur positiven Veränderung. Es ist sehr erleichternd, dabei kompetent unterstützt zu werden. Keine Sorge, das bedeutet nicht, dass Sie sich auf eine lange Therapie einlassen müssen. Ich habe seinerzeit in meiner Praxis viele Frauen begleitet, bis sie ihre Trauer überwunden hatten und mit Mut und Hoffnung alleine weitergehen wollten. Das hat meist zwischen drei Monaten und einem Jahr gedauert.

Die letzte Beziehung liegt weit zurück.

Angenommen, Ihre letzte feste Beziehung liegt schon Jahre zurück. Inzwischen haben Sie sich gut eingerichtet. Ihr Job macht Ihnen Spaß, Sie haben einen interessanten Freundeskreis. Natürlich wäre manches zu zweit schöner, aber sollen Sie sich tatsächlich wieder in Abhängigkeit begeben und sich den üblichen Stress mit der Partnerschaft aufladen?

Sophie hat dazu jedenfalls keine Lust. Sie ist seit fünf Jahren geschieden. Neulich hat sie ihren zweiundvierzigsten Geburtstag gefeiert. Es war ein schönes Fest, ihre Gäste haben sich bestens unterhalten. Das Besondere war: Sophie hatte nur Frauen eingeladen. "Ich kenne jede Menge toller Frauen", sagte sie. "Gute Männer kenne ich kaum." Also hat sie konsequent einen Ladies Lunch veranstaltet.

Wunderbar, wenn Sie auch solo glücklich sind. Das ist eine perfekte Voraussetzung, um sich entspannt den passenden Partner zu suchen. Nur wer mit sich allein sein kann, ist für die Zweisamkeit reif, meinen Paartherapeuten. Allerdings hat das auch seine Tücken: Unter Umständen klappt es so gut, dass Sie zu keinem Kompromiss mehr bereit sind. Sie können es sich leisten, die Messlatte für einen Partner hoch anzulegen. Die Folge davon ist oft Resignation, denn Idealmänner sind selten. Und noch einen Nachteil hat es: Je besser wir als Single klarkommen, desto geringer ist der Druck, sich ernsthaft einen neuen Partner zu suchen. Das gilt besonders, wenn wir andere Menschen um uns haben und dadurch unser Alleinsein weniger stark spüren. Zum Beispiel, wenn Sie in der Nähe Ihrer Eltern oder in einer netten Hausgemeinschaft wohnen oder einen großen Freundeskreis haben. Auch vielen allein erziehenden Müttern geht es so. Die Kinder fordern so viel Zeit und Fürsorge, dass sie ohnehin wenig Freiraum für einen Partner lassen. Darüber hinaus schenken sie Liebe und Zärtlichkeit. Mit älteren Kindern kann eine Mutter schon recht vertraut sprechen. So werden große Mädchen leicht zu guten Freundinnen und halberwachsene Jungen zum "Mann im Haus". Auch eine platonische Beziehung kann als Ersatz herhalten:

Lilly arbeitet als Ärztin in einem Krankenhaus. Mit ihrer Arbeit ist sie glücklich, findet aber, dass sie Pech in der Liebe hat. Entweder gerät sie an verheiratete Männer oder an solche, die sich nicht binden wollen. Wenn sie dann deprimiert ist, ruft sie Oliver an. Oliver ist ihr schwuler Freund, der ebenfalls alleine lebt. Meist hat er für sie Zeit, nicht nur, wenn sie Rat oder Trost sucht. Er geht auch gerne mit ihr ins Kino oder ins Konzert. Beide haben sogar schon einige schöne Urlaubsreisen zusammen gemacht. Mit Oliver genießt Lilly alle Annehmlichkeiten einer festen Beziehung, ohne sich dafür groß anstrengen zu müssen. Mit Partner-Ersatz lässt es sich angenehm als Single leben, selbst wenn man es eigentlich gar nicht möchte.

Die Frage ist, inwieweit bei der Einstellung "Ich habe es nicht nötig, Kompromisse zu machen" nicht doch der Schatten der früheren Beziehung unterschwellig eine Rolle spielt. Viele von uns haben einfach keine Lust, noch einmal das zu erleben, was sie hinter sich haben: Sie wollen nicht mehr eingeengt, ausgenutzt oder lieblos behandelt werden. Möglicherweise übersehen sie dabei, dass sie heute nicht mehr die Frau von damals sind und sich inzwischen einem Partner gegenüber viel selbstbewusster verhalten würden.

Ich habe mit Männern schlechte Erfahrungen gemacht

Mal ehrlich, wohl jede von uns hat im Laufe der Zeit schon schmerzliche Erfahrungen machen müssen. Danach fühlen wir uns meist hin- und hergerissen. Die Angst vor einer Bindung ist genauso groß wie die Sehnsucht danach. Und je schlimmer das Erlebnis, desto größer ist die Angst vor einer Wiederholung.

So ging es jedenfalls Sabina mit ihrem Mann Paul, einem Uni-Dozenten. Der brachte eines Abends überraschend eine Studentin mit zum Abendessen. "Das ist Iris, sie ist in meinem Seminar", sagte er lässig, "Ich habe Iris spontan eingeladen, du hast doch nichts dagegen?" Sabina passte das keineswegs, aber sie zwang sich zu einem Lächeln und stellte noch einen weiteren Teller auf den Tisch. Als sie Paul später Vorhaltungen machte, nannte er sie spießig und krankhaft eifersüchtig. Auf ihr hartnäckiges Bohren gab er zu, dass er mit Iris ein Verhältnis hatte. Das wollte er auch nicht beenden. "Ich liebe dich", beschwichtigte er Sabina, "Aber ich brauche eben meine Freiheit." Sabina versuchte, großzügig zu sein, doch irgendwann hielt sie es nicht mehr aus. Sie ließ sich scheiden und zog in eine kleine Wohnung. Seitdem kümmert sie sich vor allem um ihren Beruf. Männer blendet sie erst einmal aus. Zwar sehnt sie sich nach Wärme und Geborgenheit und möchte nicht für alle Zeit alleine bleiben, gleichzeitig hat sie große Angst davor, noch einmal verletzt zu werden.

Durch die Erfahrung mit Paul hat sie viel Selbstbewusstsein verloren. Außerdem traut sie ihrem Urteilsvermögen in puncto Männer nicht mehr. Was ist, wenn sie wieder auf den Falschen hereinfällt?

Zerbricht eine Liebe, dann sehen wir das meist als persönliches Versagen an. Das passiert vor allem uns Frauen, weil wir gelernt haben, die Schuld selbstkritisch eher bei uns zu suchen als bei anderen. Es gibt aber auch die Möglichkeit, das bisher Erlebte als Herausforderung und wichtigen Schritt zur eigenen Entwicklung zu betrachten.

Entrümpeln Sie Ihr Herz

So verschieden die vergangenen Erfahrungen auch sein mögen, in einem stimmen sie alle überein: Sie haben Spuren und oft auch Narben zurückgelassen. Es lohnt sich in jedem Fall, zu prüfen, welche davon Sie weiterhin bestimmen sollen. Fangen Sie an, Ihr Herz aufzuräumen. Konkret bedeutet das, die vergangenen Beziehungen auszuwerten.

Natürlich könnten Sie nun einfach in Ruhe darüber nachdenken, welche Männergeschichten Sie noch innerlich mit sich herumschleppen. Anschaulicher ist es jedoch, wenn Sie das optisch sichtbar machen. Deshalb mein Vorschlag: Malen Sie eine "Landkarte des Herzens".

- Nehmen Sie ein Blatt Papier, mindestens DIN-A4. Zeichnen Sie darauf groß den Umriss eines Herzens.
- Schreiben Sie in das Herz die Namen derjenigen Männer, die Ihnen heute - im positiven oder negativen Sinne - noch gefühlsmäßig wichtig sind. Das müssen nicht nur Männer sein, mit denen Sie ein Liebesverhältnis hatten. Es können auch alle die sein, die Ihre Sicht der Beziehung von Mann und Frau geprägt haben. Etwa Ihre Brüder, Ihr Vater, ein Mentor.

- Geben Sie jedem Mann ein Feld, das der Größe seiner Bedeutung entspricht. Versehen Sie ihn mit einem Plus für positive oder einem Minus für negative Erfahrung.

Solch eine Karte kann etwa so aussehen:

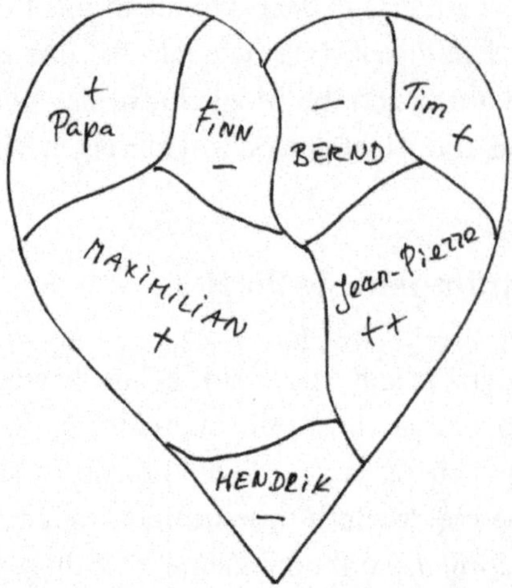

- Überlegen Sie nun: Wen möchten Sie aus Ihrem Herzen streichen, damit Sie Platz für einen neuen Mann haben? Es ist übrigens keineswegs so, dass diejenigen, deren Name mit einem Plus versehen ist, sich weiterhin ganz ungehindert dort breitmachen dürfen. Schließlich können ja auch ideale Erfahrungen hemmen. Solange das Bild im Herzen sehr lebendig ist, ist der Platz besetzt.

Geschenke auspacken

Erfahrungen, die Ihre Gegenwart überschatten, lassen sich nicht auslöschen, wohl aber neutralisieren oder, noch besser, für Ihre persönliche Entwicklung fruchtbar machen. So unglaublich es klingt: Schmerzliche und frustrierende Erfahrungen sind ebenso wertvoll wie die guten. Um das zu akzeptieren, müssen Sie umdenken und die Vergangenheit im Sinne des Sprichwortes deuten: "Jedes Problem trägt ein Geschenk in der Hand." Die amerikanische Paartherapeutin Daphne Rose Kingma betont diesen Aspekt besonders: "Nach jeder Beziehung bleibt eine Hinterlassenschaft zurück, die man anerkennen muss. Sie setzt sich aus den Geschenken zusammen, die man sich gegenseitig gemacht hat. Dazu gehört alles, woran man profitiert hat und was man daraus gelernt hat. Hat man eine Wandlung durchgemacht, so ist auch das auf die Beziehung zurückzuführen und somit dem Partner zu verdanken." Das können Sie gleich selbst überprüfen.

Check den Ex

Nehmen Sie für jeden Partner, der Sie heute noch gefühlsmäßig beschäftigt, ein extra Blatt Papier.

Zuerst überlegen Sie, was Ihnen die Beziehung Positives gegeben hat:

> **Was habe ich in dieser Beziehung gelernt?**
> Dass ich stark bin. Dass Sex Spaß macht. Dass ich nicht immer gleich so spontan reagiere. Dass ich eine Trennung überlebe. Welche Art Mann ich wirklich brauche.
>
> **Was hat mir mein Partner gegeben?**
> Guten Sex. Schutz vor Einsamkeit. Er hat mir Wissensgebiete und Interessen erschlossen.

Werden Sie sich nun darüber klar; was Sie nicht bekommen und selbst noch nicht entwickelt haben:

> **Was habe ich in dieser Beziehung nicht geschafft?**
> Klare Forderungen zu stellen. Mich durchzusetzen. Meinen Freundeskreis aufrechtzuerhalten. Eigenständigkeit. Meine Finanzen selbst zu regeln.

Was habe ich meinem Partner nicht gegeben?
Anerkennung. Herausforderung. Berufliche Unterstützung.

Was hat mir mein Partner nicht gegeben?
Treue. Lebensfreude. Zärtlichkeit. Komplimente. Anregung.

Analysieren Sie, wo Sie frustriert waren und eventuell selbst versagt haben:

Was habe ich meinem Partner vorgeworfen?
Er sprach nie über Gefühle. Er sabotierte meine beruflichen Pläne. Er wollte kein Kind. Er war zu passiv. Er hatte nur seinen Beruf im Kopf.

Welche Vorwürfe hat er mir gemacht?
Ich würde ihn bedrängen. Ich sei egoistisch. Ich ließe mich gehen. Ich sei krankhaft eifersüchtig. Ich würde zu emotional reagieren.

So eine ausführliche Analyse braucht etwas Zeit. Aber sie lohnt sich, denn damit erhalten Sie einen guten Überblick darüber, was Sie bereits gelernt haben und was Sie mit dem Ziel einer besseren Partnerschaft in Zukunft ändern möchten.

Inka wurde klar, dass sie sich in ihrem geschiedenen Mann einen interessanten, aber unzuverlässigen Menschen ausgesucht hatte. Durch sein wildes Leben bekam sie zwar den Kick, den sie sich wünschte, doch nicht die Geborgenheit und Sicherheit, nach der sie sich ebenfalls sehnte. Sie selbst gab ihm Halt und Bewunderung, zeigte aber wenig Eigeninitiative. Nachdem Inka das durchschaut hatte, bemühte sie sich bewusst, genau die Eigenschaften zu entwickeln, die sie an ihrem Ex-Mann bewundert hatte. Sie unternahm mehr, gestaltete ihr Leben interessanter und wartete nicht darauf, dass ein anderer das für sie tat. Dadurch musste sie nicht länger nach einem Abenteurer suchen, zu dessen Charakter es offenbar auch gehört, nicht treu zu sein. Sie wurde für einen zuverlässigeren Typ Mann offen, den sie früher als langweilig abgewertet hatte.

Das persönliche Muster entdecken

Legen Sie die einzelnen Blätter nebeneinander und schauen Sie, ob sich bei den jeweiligen Punkten Ähnlichkeiten in Ihrem Verhalten oder dem der Partner ergeben. Es kann sehr gut sein, dass Sie in der Übersicht ein bestimmtes Muster feststellen. Solche Konzepte, die unser Denken, Fühlen und Handeln bestimmen, entwickeln sich oft unbemerkt aus Einflüssen in unserer Kindheit. Dabei sind bestimmte Bedingungen im Elternhaus besonders geeignet, ein negatives Muster zu fördern. Natürlich müssen sie sich nicht in jedem Fall schädlich auswirken, tun es erfahrungsgemäß jedoch häufig.

In ihrem Bestseller "Wenn Frauen zu sehr lieben" führt Robin Norwood besonders starke Einflüsse auf:

- Die Eltern oder ein Elternteil waren in irgendeiner Form süchtig. Sie waren alkoholkrank, nahmen Drogen oder Tabletten, arbeiteten wie besessen oder litten unter einer Essstörung.
- In der Familie war körperliche oder seelische Gewalt an der Tagesordnung.
- Das Kind war einem unangemessenen Sexualverhalten ausgeliefert, von verführerischem Auftreten bis hin zu Missbrauch.
- Im Elternhaus herrschte ständig Spannung. Die Eltern stritten sich häufig oder sprachen zeitweilig nicht miteinander.
- Die Eltern vertraten sehr unterschiedliche Ansichten oder Wertvorstellungen, wobei jeder versuchte, das Kind auf seine Seite zu ziehen.
- Die Eltern konkurrierten mit den Kindern
- In der Familie herrschte eine autoritäre, starre Festlegung in Bezug auf Geld, Religion, Arbeit, Zeiteinteilung, Sexualität, Sauberkeit.

Auch eine Kindheit, die auf den ersten Blick weniger hart erscheint, kann die Ursache für ein negatives Muster in puncto Männer sein. In Seminaren habe ich oft erlebt, dass Frauen sagten: "Wenn ich höre, wie es einigen hier früher ergangen ist, dann darf ich mich ja wirklich nicht beklagen." Aber dann zeigte sich, dass sie auf eine subtile Weise genauso tief verletzt worden waren. Das kann auch für Sie zutreffen, falls Sie als Kind folgendes erlebt haben:

- Sie mussten zu früh Verantwortung übernehmen und zu schnell erwachsen werden.
- Die Eltern hatten wenig Zeit, Sie wurden viel sich selbst überlassen.
- Ihre Eltern wollten Sie überängstlich vor jeder eigenen Erfahrung bewahren.
- Ihre Gefühle - Liebe, Angst oder Wut - wurden nicht ernst genommen.
- Für Ihre Eltern zählte nur Leistung.
- Sie hatten ein behindertes oder verhaltensauffälliges Geschwister.
- Ihre Probleme mit Geschwistern waren sehr gravierend, es gab heftige Konkurrenz, oder die Eltern hatten ein "Lieblingskind".

Neben der Erziehung und dem Familienklima spielt auch das Vorbild der Eltern eine entscheidende Rolle, zum Beispiel wenn

- der Vater die Mutter schlecht behandelt.
- die Mutter den Vater verachtet oder ablehnt.
- ein Elternteil sich stark unterordnet oder dominiert.
- die Eltern nicht liebevoll zueinander sind.

Lieben nach innerem Drehbuch

Der amerikanische Psychologe Eric Berne, Begründer der Transaktionsanalyse, spricht bei Mustern, die aus solchen Erfahrungen entstehen, von einem inneren Drehbuch (Script). Er geht davon aus, dass wir unser weiteres Leben danach ausrichten. Wir bleiben später in der Partnerschaft das brave Kind, das nette Mädchen, die Tüchtige oder die Starke. Möglicherweise leben wir nur unsere schwache, hilflose Seite aus und sehen uns permanent als Opfer. Oder wir behandeln unseren Partner genauso, wie wir es Vater oder Mutter abgeschaut haben.

Mit Sicherheit steckt ein Programm aus der Kindheit dahinter, wenn wir in unserer Beziehung ähnliches erleben wie früher zu Hause oder immer wieder an den Falschen geraten. Sigmund Freud bezeichnete das als Wiederholungszwang: Wir suchen uns einen Partner, der die gleichen Merkmale bietet, die wir aus der Kindheit kennen. Weil sie uns so vertraut sind, verwechseln wir sie allzu leicht mit Liebe. Wie Ute, die in einem Seminar erzählte, was sie in ihrer Kindheit erlebt hat:

Eben noch hat die zwölfjährige Ute auf dem Heimweg lässig ihre Schultasche geschwenkt und mit ihren Freundinnen herumgealbert. Jetzt wird sie immer stiller. Von der Straße aus kann sie das Haus ihrer Eltern sehen. Im Schlafzimmer sind die Rollläden heruntergelassen. Das signalisiert ihr: Mama geht es wieder schlecht. Utes Mutter leidet an regelmäßig wiederkehrenden Angstzuständen und Depressionen. Langsam schließt Ute die Haustür auf. Zuerst geht sie in die Küche und machte etwas zu essen. Dann versucht sie, die Mutter mit kleinen Geschichten aus der Schule aufzumuntern. Sie ist froh, dass es ihr gelingt. Ihre Freundinnen treffen sich am Nachmittag zum Kino, Ute sagt ab, sie muss bei ihrer Mutter bleiben. Der Vater kommt erst spät abends von der Arbeit nach Hause.

Die heute dreißigjährige Ute erinnert sich noch gut an solche Szenen von früher. Nicht bewusst ist ihr, wie viel sie mit ihrem gegenwärtigen Pech in Partnerschaften zu tun haben. Ute verliebt sich immer wieder in Männer, die ihre Hilfe benötigen. Sie baut sie auf, unterstützt sie, ist für sie da. Dabei kommt sie selbst viel zu kurz. Dann beendet sie entweder die Beziehung, weil sie ihr auf die Dauer nicht genug gibt - oder der Partner verlässt Ute, weil er nun auf eigenen Füßen stehen kann und sie nicht mehr braucht. Ute lebt nach dem Script: "Liebe heißt, einen schwachen Menschen zu unterstützen."

Ein weiteres Beispiel für ein inneres Drehbuch: Marie kommt zur psychologischen Beratung, weil sie sich nicht erklären kann, warum sie ständig Pech in der Liebe hat. Marie, eine selbstbewusste, erfolgreiche Journalistin, gerät immer wieder an egozentrische, chaotische Männer. Ihr erster Mann war ein Philosoph, der jahrelang an einer komplizierten Doktorarbeit saß. Marie arbeitete für zwei, damit er sich den Luxus des reinen Denkens leisten konnte. Er betrog sie mit einer jüngeren Frau, die ihn bewunderte. Der nächste Mann, in den Marie sich verliebte, war Maler und lebte in einem Gartenhäuschen. Sie begann sofort damit, sein Leben für ihn zu ordnen. Sie kümmerte sich um seine Krankenversicherung und darum, ob er auch genug zu essen hatte. Nach einem Jahr trennte er sich von ihr, weil er sich bevormundet fühlte.

Marie hätte ewig damit weitergemacht, sich Männer zu suchen, die von ihrer Tüchtigkeit profitierten, wenn sie nicht erkannt hätte, dass sie in ihren Liebesbeziehungen immer wieder das Muster "Vernünftige ältere Schwester kümmert sich um schwierigen kleinen Bruder" wiederholte: Ihre Eltern hatten ein Lebensmittelgeschäft und verlangten schon von der zehnjährigen Marie, dass sie sich um ihren sechs Jahre jüngeren Bruder kümmerte. Weil der Bruder ein Problemkind war, erhielt er die volle Aufmerksamkeit der Eltern. Von Marie dagegen verlangten sie, vernünftig zu sein und ihnen nicht auch noch Sorgen zu bereiten. Bei jedem Mann, in den sie sich als Erwachsene verliebte, rutschte Marie wieder in die vertraute Rolle der Vernünftigen und Versorgenden. Dabei ignoriert sie ihren Wunsch, auch selbst mal unbeschwert zu sein und sich anlehnen zu dürfen.

Überholte Leitsätze verabschieden

Die gute Nachricht: Wir sind nicht für alle Ewigkeit auf unser Muster festgelegt. Negative innere Programme lassen sich löschen und durch neue, bessere ersetzen. Wie? Jedem Muster liegen bestimmte Leitsätze zugrunde, die wir für wahr halten und nach denen wir uns ausrichten. Diese gilt es zunächst zu entdecken. Solche Leit- oder Glaubenssätze sind zum Beispiel: "Männer haben Angst vor einer starken Frau." "Ich werde nur geliebt, wenn ich mich dafür anstrenge." "Für mich interessiert sich sowieso keiner." "Nur niemals von einem Mann abhängig sein." "Sobald ich eine Schwäche zeige, wird das ausgenutzt." "Frauen über vierzig sind unsichtbar." "Intelligente Frauen finden sowieso keinen Mann." "Ich muss für alles die Verantwortung übernehmen." „Ich bin zu dick."

Wenn Sie sich als kluge, emanzipierte Frau eingestehen müssen, dass Sie bisher unbewusst Ihr Leben nach einem solchen Motto ausgerichtet haben, werden Sie wahrscheinlich ungläubig den Kopf schütteln. Aber schließlich handelt es sich dabei um Formeln, die wir als Kind übernommen haben, weil wir es nicht besser wussten. Kinder denken in Schwarz-Weiß-Kategorien und sind noch nicht in der Lage, genau zu differenzieren. Zum Charakter solche Sätze gehört deshalb, dass sie wie ein Klischee oder Vorurteil klingen und oft mit einem "immer" oder "nie" beginnen. "Ich werde *immer* übersehen." oder "*Nie* kümmert sich jemand um mich." Auch Schlussfolgerungen nach dem Schema "Wenn...dann" sind typisch: "Wenn mir ein Mann gefällt, dann ist er garantiert verheiratet."

Mit etwas Überlegung finden Sie gewiss Ihre persönlichen Sätze heraus. Formulieren Sie sie als Tatsachen, also ohne "Ich glaube.."

oder "Ich meine..." Schreiben Sie sie untereinander auf ein Blatt Papier. Nehmen Sie sich dann jeden Satz einzeln vor und fragen Sie sich, wann und wo Sie ihn gelernt haben. Möglicherweise erinnern Sie sich zunächst nur schwach. Sie dürfen aber davon ausgehen, dass in Ihrem Gedächtnis alles gespeichert ist und sich nach und nach schon zeigen wird - sobald Sie dazu bereit sind.

Clara zum Beispiel ist immer wieder mit Männern zusammen, die ihr entweder weit unterlegen sind oder sie schlecht behandeln. Sie leidet darunter und gerät trotzdem mit traumwandlerischer Sicherheit bei nächster Gelegenheit wieder an jemanden, der sie unglücklich macht. Sie findet heraus, dass sie von dem Glaubenssatz "Ich muss froh sein, wenn mich überhaupt einer will" bestimmt wird. Auf der Suche nach dem Ursprung dieses Satzes taucht zunächst spontan eine längst vergessene Szene aus der Schulzeit vor ihrem inneren Auge auf: Beim Abschlussball sitzt sie mutterseelenallein auf ihrem Platz. Keiner fordert sie auf. Am liebsten möchte sie unter den Tisch kriechen vor Scham. Dieses traumatische Erlebnis ist ein Schlüssel zu weiteren Erinnerungen: Weil Claras Eltern wenig Geld hatten, musste sie immer die abgelegten Kleider einer reichen Tante tragen, die ihr überhaupt nicht standen. Deswegen wurde sie oft gehänselt. Und noch weiter zurück, als kleines Mädchen, hört sie ihre Mutter im Flur zu einer Nachbarin sagen: "Na ja, Clara ist zwar nicht besonders hübsch, aber ein liebes Kind." Wie ein Puzzlespiel kann Clara sich allmählich die Teile zusammensetzen, die zum gegenwärtigen Muster geführt haben. Auf diese Weise findet sie noch weitere Glaubenssätze: "Ich sehe nicht besonders gut aus." und "Für Kleidung darf man nicht zu viel Geld ausgeben." "Wenn ich mich anpasse, werde ich geliebt." Weil sie die Erfahrungen und Aussagen von damals immer noch für gültig hält, riskiert sie bis heute nicht, sich aktiv einen liebevollen, attraktiven Mann zu suchen. Stattdessen geht sie dankbar auf jeden ein, der überhaupt Interesse an ihr zeigt.

Durchleben Sie die Erinnerungen, die mit Ihren Glaubenssätzen zusammenhängen noch einmal mit allen damit verbundenen Gefühlen.

Schließen Sie dazu die Augen, und lassen Sie die jeweiligen Szenen wie einen Film ablaufen. Am besten ist es, wenn Sie das in Gegenwart einer guten Freundin oder im geschützten Rahmen einer Psychotherapie tun. Sie können Ihre Reise in die Vergangenheit aber auch allein durchführen, wenn Sie dabei gut auf sich achtgeben. Sobald Ihnen eine Erinnerung zu unangenehm wird, brechen Sie ab, atmen tief durch und sagen laut: "Das ist vorbei." Normalerweise passiert nichts Schlimmeres, als dass Sie heftig weinen und den alten Schmerz noch einmal erleben. Lassen Sie diese Empfindungen zu. Sie werden spüren, wie sie schwächer werden oder sich sogar auflösen.

In den folgenden Fällen sollten Sie sich allerdings nicht ohne fachliche Begleitung in Ihre Vergangenheit versenken:

- Wenn Sie in der Kindheit körperlichen oder seelischen Gewalttätigkeiten oder sexuellem Missbrauch ausgesetzt waren oder vermuten, dass Sie in Ihrer Erinnerung darauf stoßen könnten.
- Wenn Sie zu starken Ängsten oder Depressionen neigen oder schon einmal in psychiatrischer Behandlung waren.
- Wenn Sie an einer psychosomatischen oder chronischen Krankheit wie Asthma, Rheuma oder Morbus Crohn leiden, die durch seelische Erschütterungen erneut ausbrechen oder verstärkt werden kann.

Dann ist es besser, Ihre Erinnerungen im Schutz einer Psychotherapie zu bewältigen

Verabschieden Sie sich nun von den überholten Leitsätzen. Nehmen Sie dazu Ihr Papier noch einmal zur Hand und entscheiden Sie Satz für Satz, sie nicht länger als wahr zu akzeptieren. Der Berliner Psychotherapeut Hartmut Müller schlägt zum Loslassen überholter Glaubenssätze ein Ritual vor: Stellen Sie sich vor den Spiegel und lesen Sie den jeweiligen Satz vor. Sagen Sie laut und deutlich: "Ich bin bereit, diesen Satz aufzugeben und nicht mehr zu glauben."

Allerdings, Veränderung funktioniert nicht immer locker nach dem Motto "Gefahr erkannt - Gefahr gebannt", kaum erkennt man, was man loslassen muss, schon ist der Albtraum vorbei. Erkenntnis ist der erste Schritt zur Veränderung, aber dann müssen Sie sie sich regelmäßig ins Gedächtnis rufen und in konkretes Handeln umsetzen, sonst ist sie rasch wieder verschwunden. Das ist übrigens der Grund, warum viele Menschen trotz spektakulärer Aha-Erlebnisse – etwa nach einem Seminar - wieder in den alten Trott verfallen. Sie sollten auch damit rechnen, dass innere Widerstände auftauchen. Selbst wenn Sie zunächst glücklich und erleichtert sind, werden Sie sich möglicherweise schon wenig später verunsichert oder gar deprimiert fühlen. Bei einem Rückfall in die alten Verhaltensweisen, der garantiert immer wieder mal kommt, taucht oft ein resigniertes "Ich lerne es nie" auf. Verständlich, denn schließlich sind Sie dabei, sich von einem sehr vertrauten Teil Ihrer Persönlichkeit zu verabschieden. Dieser Teil hat Sie nicht nur beeinträchtigt, sondern Ihnen auch Halt gegeben. Da hilft nur, dem inneren Saboteur sofort energisch Paroli zu bieten. Wann immer ein Gedanke auftaucht, der sich gegen Ihre positive Veränderung richtet, kontern Sie innerlich oder laut mit einem "Bannspruch".

Suchen Sie sich aus den folgenden Vorschlägen einen passenden aus oder lassen Sie sich zu einer eigenen Formulierung anregen:

- Das ist endgültig vorbei.
- Das gilt für mich nicht mehr.
- Die Vergangenheit lässt sich ohnehin nicht mehr ändern.
- Don't worry - be happy.
- Das ist jetzt nicht mehr nötig.
- Der Stress ist zu Ende.
- Heute bin ich kein Kind mehr.
- Ich bin nicht mehr dieselbe wie damals

- Alles Lüge.
- Das ist nur ein Übergang.
- Ich brauche keine Angst vor der Wahrheit zu haben.
- Hinfallen kann jeder, Hauptsache, man steht wieder auf.

Solche Sätze sind ein bewährtes Mittel, um die Gedanken nach und nach in die gewünschte Richtung zu lenken. Und Gedanken sind nun mal die Basis jeder sichtbaren Veränderung. Albert Ellis, Begründer der rational-emotiven Therapie, bestätigt aus seiner über 30jährigen Tätigkeit: "Es liegen mehr als zweihundert kontrollierte wissenschaftliche Studien vor, die zeigen, dass Menschen ihre Handlungen und Gefühle viel besser in den Griff bekommen, wenn man sie darin unterweist, wie sie ihre negativen Gedanken und Vorstellung ändern können." Ich kann Ihnen aus meiner Erfahrung als Coach versichern, dass es funktioniert.

Bestimmen, wie man sein will

Wenn ein negatives Programm überholt ist, entsteht erst einmal ein Vakuum. Die alte Einstellung gilt nicht mehr. Was aber soll nun geschehen? In gewisser Weise sind Sie jetzt Ihre eigene geistige Schöpferin. Wie möchten Sie sein, wie auf Männer reagieren?
Schreiben Sie dazu eine Wunschliste, auf der Sie alle bisher geltenden negativen Sätze in positive verwandeln. Claras Liste zum Beispiel sah folgendermaßen aus: "Ich wähle selbst den Mann, der mich interessiert." - "Ich kleide mich mit Stil und Geschmack." - "Ich bin es wert, einen attraktiven und liebevollen Mann zu bekommen." - "Ich sehe gut aus."

Allerdings reicht es nicht, lediglich einen Katalog der neuen Eigenschaften und Verhaltensweisen zu erstellen. Sie müssen sich Ihre neuen positiven Leitsätze auch konsequent einprägen. Sonst schnappen Sie wie am Gummiband in die alten Gewohnheiten zurück. So wie der berühmte Arzt Coué seine Patienten aufforderte, täglich zu sagen: "Mir geht es besser und besser", sollten auch Sie regelmäßig mit Autosuggestion arbeiten, um die neu gewonnenen Erkenntnisse im Bewusstsein zu verankern. Am besten schauen Sie sich Ihre Liste täglich an. Sich nur gelegentlich daran zu erinnern, nützt nämlich wenig. Ab jetzt gehören die Sätze fest zu Ihrem Denk-Repertoire und werden immer wieder aufgefrischt. Ähnlich wie beim Sport: Auch wenn Sie topfit sind, müssen Sie weitertrainieren. Sonst werden die Muskeln nach kurzer Zeit wieder schlapp und Sie verlieren Ihre mühsam erworbene Kondition. Die New Yorker Psychologin Susan Jeffers sagt: "Ich weiß, es klingt unfair, dass Sie automatisch negativ werden, wenn Sie aufhören, eine positive Einstellung zu praktizieren. Offensichtlich brauchen bestimmte Aspekte unserer Persönlichkeit ständige Bestärkung, und eine positive Geisteshaltung ist ein solcher Aspekt." Hier sind einige bewährte Möglichkeiten, sich in diesem Sinne geistig in Form zu halten:

- Schreiben Sie in ein Notizbuch Ihre Wünsche und Sätze, die sich auf die positive Veränderungen beziehen. Protokollieren Sie regelmäßig in Stichworten, was Sie bisher geschafft haben oder woran Sie noch arbeiten möchten. Blättern Sie immer wieder in diesem Arbeitsbuch und erinnern Sie sich beim Nachlesen, was Sie eigentlich erreichen wollten. Sind Sätze überholt, streichen Sie sie.

- Legen Sie sich zur Unterstützung und Anregung eine Mini-Bibliothek an. Darin sollten sich Ihre Lieblings-Ratgeber befinden, die Ihnen beim Lesen Mut und Kraft geben. Nehmen Sie morgens oder abends eins zur Hand und lesen Sie einen kleinen Abschnitt. Meist bekommen Sie durch einen bestimmten Satz, der zufällig gerade auf Ihre gegenwärtige Situation passt, wieder richtig Schwung.

Sicher werden Sie Ihre ganz persönliche Form finden, Ihre Erkenntnisse umzusetzen. Entscheidend ist, dass Sie wachsam bleiben und nicht aus Gewohnheit wieder in die alten Spuren zu gelangen. Rückfälle sind allerdings ganz natürlich und kein Grund, mit sich zu hadern oder zu resignieren. Machen Sie einfach konsequent weiter.

Verzeihen - Schlüssel zur Freiheit

Vielleicht hat sich durch die bisherige gründliche Analyse Ihre Sicht der vergangenen Partnerschaft(en) bereits zum Positiven gewandelt. Es kann aber durchaus sein, dass Sie immer noch heftige Emotionen wie Wut, Verletzung, Enttäuschung und Schuldgefühle spüren, sobald Sie an Ihre verflossenen Beziehungen denken. Dann ist noch ein besonderer Schritt nötig: Verzeihen Sie den Menschen, die Sie verletzt haben.

Bei diesem Ratschlag gehen Sie wahrscheinlich erst einmal an die Decke. Jedenfalls wäre das eine verständliche Reaktion. Gemeint ist hier aber keineswegs, dass Sie wider besseres Wissen jemanden freisprechen sollen. Vielmehr geht es darum, dass Sie den inneren Clinch mit dem Ex-Partner bewusst aufgeben - und zwar aus reiner Selbsterhaltung. Solange wir uns an altem Groll und Schmerz festklammern, bleiben wir im Banne dieser Gefühle und sind nicht frei. Ich erinnere mich an eine Begegnung, die das für mich besonders gut illustriert: Als Studentin jobbte ich in den Semesterferien bei einer Versicherung. Dort arbeitete auch eine etwa fünfzigjährige Sachbearbeiterin. Sie erzählte mir, sie würde fast ihren gesamten Verdienst in Fernreisen investieren. Dafür lebte sie äußerst sparsam, gönnte sich nicht den kleinsten Luxus. Inzwischen war sie schon überall in Asien, Afrika und Amerika gewesen. Ich bewunderte, wie zielstrebig sie ihren Herzenswunsch verwirklichte. Zu meinem Erstaunen lachte sie bitter und sagte: "Ich mache mir gar nicht viel aus den Reisen, eigentlich finde ich sie nur anstrengend. Nein, mein größter Genuss ist, dass ich von jeder Reise meinem Ex-Mann eine Ansichtskarte schicke. Er hat mich vor vier Jahren verlassen. Ich bin sicher, dass er jedes Mal grün vor Neid wird, wenn er liest, wo ich überall ohne ihn war."

Es gibt zahlreiche Varianten, dem Ex-Partner nicht zu verzeihen und damit an ihm festzuhalten: Etwa, indem wir im Tagtraum wollüstig Rachepläne schmieden. Oder wir nehmen uns vor, es ihm noch mal so richtig zu zeigen und schlagen dabei einen Karriereweg ein, an dem wir persönlich gar nicht wirklich interessiert sind. Vielleicht engagieren wir auch einen Top-Anwalt, damit er finanziell bluten muss. Möglicherweise schlucken wir sogar Tabletten oder trinken zuviel, damit er sieht, in welches Elend er uns getrieben hat. Wie auch immer, solange die Erinnerung noch mit heftigen negativen Empfindungen besetzt ist, ist man nicht wirklich unabhängig. Verzeihen ist eines der besten Gegenmittel. Die Art von Verzeihen, die ich meine, ist ein inneres Loslassen. Sie bewirkt, dass die alten Wunden endlich heilen. Zwar bleibt die Erinnerung bestehen, doch die belastenden Gefühle intensiver Wut, Angst oder Bitterkeit werden am Ende aufgelöst. Um das zu erreichen, bieten einige Methoden eine gute Hilfe.

Besonders geeignet ist die Technik des "Leeren Stuhls", die in der Gestalttherapie häufig benutzt wird. Vielleicht erscheint sie Ihnen zunächst künstlich oder komisch. Wenn Sie sich jedoch darauf einlassen, merken Sie, wie intensiv gerade diese Übung ist:

- Setzen Sie sich auf einen Stuhl und stellen Sie einen zweiten in einem für Sie passenden Abstand vor sich. Lassen Sie nun in Ihrer Phantasie den Mann darauf Platz nehmen, von dem Sie innerlich loskommen möchten. Malen Sie sich aus, in welcher Körperhaltung er da sitzt und wie er Sie anschaut.

- Sprechen Sie laut aus, was Sie ihm immer schon sagen wollten. Spüren Sie dabei, was an Schmerz, Wut oder Liebe noch in Ihnen steckt. Alternative: Falls Ihnen die Vorstellung, zu einem leeren

Stuhl zu sprechen, allzu merkwürdig vorkommt, können Sie stattdessen auch ein Foto Ihres Partners vor sich aufstellen.

- Sobald Sie das Gefühl haben, Sie hätten alles ausgedrückt, was noch an Gefühlen gegenüber Ihrem Ex-Partner in Ihnen steckte, sagen Sie laut und deutlich: "(Name des Partners), ich verzeihe dir und wünsche dir alles Gute für dein weiteres Leben."

Wenn Sie diese Übung zum ersten Male machen, wird der Satz "Ich verzeihe dir und wünsche dir alles Gute für die Zukunft" für Sie sicher eher ein Lippenbekenntnis sein als Ihre tatsächliche Empfindung ausdrücken. Im Grunde möchten wir den anderen gar nicht so einfach aus der Verantwortung entlassen. Viel lieber sähen wir, dass er endlich reuevoll zugibt, was er uns angetan hat. Oder dass es ihm so richtig mies geht und er auch einmal erlebt, was Leiden und Einsamkeit bedeuten. In solchem Fall greift ein Satz von Carl Withaker, einem bekannten Familientherapeuten. Er fragte in seiner Praxis ein Paar, das sich wütend darüber stritt, wer eigentlich schuld an der Ehemisere sei: "Wollen Sie recht haben, oder wollen Sie glücklich sein?" Geben Sie nicht auf. Machen Sie die Übung immer wieder, solange, bis Sie innerlich wirklich spüren: "Jetzt bin ich damit durch, ich habe endgültig losgelassen." Die Psychologin Doris Wolf bestätigt in ihrem Buch "Wenn der Partner geht..", dass bereits der feste Wille, dem anderen zu vergeben, etwas ändern kann. Sie rät: "Sagen Sie diesen Satz immer wieder, trotz Ihrer gegensätzlichen Gefühle. Sie wissen, dass Ihre Gefühle durch Ihre Gedanken bestimmt werden, und deshalb müssen Sie ihm erst im Geist verzeihen, bevor Sie es auch spüren."

Freiraum

Nach der chinesischen Harmonielehre Feng shui ist es ein Naturgesetz, dass sich leerer Raum bald wieder füllt, so wie Wasser oder Sand in einen Hohlraum dringen. Das gilt auch für Ihr Herz. Sobald Sie es aufgeräumt haben, strahlen Sie aus, dass Sie frei sind und diese Offenheit wirkt bereits anziehend. Damit Sie aber auch den richtigen Partner für eine Neubesetzung einladen, gibt es noch einiges zu beachten. Schließlich entrümpelt man ja nicht, um wieder ähnliche Dinge wie vorher einzulagern. Es soll vielmehr schöner und besser werden. Deshalb lohnt es sich für Sie, auch die nächsten Schritte zu beachten.

frei
für
dich
!

2. Schritt: Optimal Wirken!
You are so beautiful

2. Schritt - Optimal wirken

"Ich finde mich so toll - warum bin ich noch Single?" lautet der provokante Titel eines Ratgebers von Susan Page. Klingt gut, ist aber zweischneidig: Einerseits ist es ganz wichtig, dass man sich akzeptiert. Andererseits ist es gefährlich, sich über seine Vorzüge Illusionen zu machen. Bevor wir uns deshalb fragen, wie anziehend wir wohl für einen potentiellen Partner sind, sollten wir uns erstmal in aller Ausführlichkeit betrachten und überlegen: Was für ein Mensch bin ich? Welche positiven und negativen Eigenschaften besitze ich? Weil einem dazu spontan meist nicht viel einfällt, nehmen Sie am besten ein Blatt Papier und versuchen es schriftlich:

Check für außen und innen

Notieren Sie mindestens zwanzig Aussagen über Ihr Äußeres, es dürfen gerne mehr sein. Führen Sie so viele auf, wie nötig sind, um Sie optisch möglichst komplett zu beschreiben. Zum Beispiel:

- Ich bin 1,72 m groß.
- Ich habe lockiges Haar.
- Ich bin kurzsichtig und trage Kontaktlinsen.
- Ich habe einen schönen Mund.
- Ohne Make-up sehe ich blass aus.
- Ich habe hübsche Beine.
- Ich wiege 70 kg.
- Ich trage gerne Designerkleidung.

Nennen Sie nun mindestens zwanzig Eigenschaften, die Sie charakterisieren und die typisch für Sie sind. Schreiben Sie alles auf, was Ihnen einfällt und was Sie wichtig finden. Zum Beispiel:

- Ich bin lebhaft.
- Ich habe eine gute Intuition.

- Ich bin spontan.
- Ich werde zickig, wenn mir etwas nicht passt.
- Ich bin ehrgeizig.
- Ich kann mich gut konzentrieren.
- Ich mache gerne Sport.

Auf diese Weise erhalten Sie ein recht umfassendes Bild Ihrer Persönlichkeit und gewinnen mehr Klarheit darüber, wie Sie sind. Vielleicht haben Sie gemerkt, dass es gar nicht so einfach ist, sich selbst eindeutig Eigenschaften zuzuschreiben. Immerhin tut sich sogar die Wissenschaft damit schwer. Bisher gibt es noch keine übereinstimmende Definition für das, was Persönlichkeit überhaupt ist. Der Psychologe Gordon Allport definierte sie als eine individuelle Struktur von Eigenschaften. Er fand fast zweitausend davon. Dabei prägen aber nach seiner Ansicht nur etwa zehn zentrale Eigenschaften das Wesen eines Menschen. Betrachten wir uns also als eine Komposition aus Charakterzügen, Temperament, psychischen Dispositionen, Verhalten und Erfahrungen. Auf Ihren beiden Checklisten haben Sie entschieden, wo Ihre Schwerpunkte liegen. Schauen Sie sich nun Ihre Merkmale an: Gefällt Ihnen, was Sie da schwarz auf weiß sehen? Möchten Sie diesen Menschen gerne kennenlernen?

Eine noch präzisere Antwort darauf erhalten Sie, indem Sie die einzelnen Eigenschaften bewerten:

- Machen Sie ein Pluszeichen hinter jede Eigenschaft, die Sie an sich mögen, ein Minus hinter die, die Sie nicht leiden können und eine Null hinter solche, die Sie als neutral einschätzen.
- Zählen Sie am Ende zusammen, wie viele Plus- und Minuszeichen Sie haben. Die Nullen dürfen Sie ignorieren.

Wie steht es jetzt mit Ihrer Selbstbeurteilung? Die simpelste Gesamtauswertung lautet: Je mehr Pluszeichen Sie gemacht haben, desto mehr akzeptieren Sie sich. Die Anzahl Ihrer Minuszeichen zeigt zunächst, in welchem Ausmaß Sie sich ablehnen.

In der Tat weisen viele Pluszeichen auf ein stabiles Selbstbewusstsein hin - und das ist in jedem Falle positiv. Wir Frauen sind nämlich meist viel zu selbstkritisch, um uns ohne Einschränkung gut zu finden - geschweige denn, das auch noch anderen mitzuteilen. Man könnte uns ja für arrogant halten.

So ging es Ina, eine 34jährige Ärztin, die an einem Seminar zum Thema "Persönlichkeit und Ausstrahlung" teilnahm. Obwohl sie eine erfolgreiche, attraktive Frau war, spielte sie ihre Vorzüge herunter und nahm sie teilweise nicht einmal wahr. Ich bat sie, doch einmal mit mir zusammen in der Gruppe die Runde zu machen und jeder Teilnehmerin einzeln einen bestimmten Vorzug oder eine besondere Leistung von sich mitzuteilen. Bei den ersten Frauen tat sich Ina noch schwer. Ihr fiel kaum etwas ein, überhaupt war es ihr furchtbar unangenehm. Dann aber geschah das Erstaunliche: Bei jeder weiteren Teilnehmerin wurde Ina lockerer. Mit glänzenden Augen und sichtlichem Stolz verkündete sie: "Ich habe mein Medizinstudium in der kürzesten Zeit abgeschlossen." - "Ich habe schöne Beine." - "Ich kann gut kochen." Am Ende hatte sie uns allen das detaillierte Bild einer interessanten, tüchtigen und liebenswerten Frau vermittelt. Sie selbst war am meisten überrascht über das, was alles in ihr steckte.

Sabine Asgodom, eine Meisterin der Selbstvermarktung, bringt es auf die Formel: „Eigenlob stimmt." Wir können uns gar nicht genug für all unsere guten Eigenschaften loben. Tatsächlich liegen wir in unserer positiven Einschätzung selten daneben, eben weil wir ohnehin mit uns überkritisch sind. Trotzdem kann ein Test in punkto Eigenwahrnehmung nicht schaden, um eine mögliche Selbsttäuschung zu vermeiden. Holen Sie sich bei einer wohlwollenden Freundin oder einem guten Freund ehrliche Rückmeldung. Auch wenn es Ihnen vielleicht peinlich ist, zeigen Sie ihr oder ihm die positiven Aussagen auf Ihren beiden Listen. Fragen Sie nach, ob Sie auch von Ihrem Gegenüber so wahrgenommen werden. Bei der Gelegenheit sollten Sie auch gleich überprüfen, ob sich nicht so manche neutrale Null noch in ein Plus verwandeln lässt, falls Sie etwas weniger streng mit sich sind.

Es ist okay - für jetzt

Viele Minuszeichen hinter Ihren Eigenschaften deuten nicht in jedem Fall auf ein Minderwertigkeitsgefühl hin, schließlich können sie durchaus berechtigt sein. Auch diese Erkenntnis ist wertvoll, vorausgesetzt, Sie nutzen sie als Ansporn zur Veränderung. Schließlich geht es hier nicht darum, sich etwas schönzureden, bloß weil man sich unter allen Umständen akzeptieren möchte. Allerdings ist es ein gewaltiger Unterschied, ob Sie wie das Kaninchen vor der Schlange auf diesen speziellen Mangel starren und damit hadern, dass Sie nicht perfekt sind – oder ob Sie sich sachlich sagen: „Das gefällt mir nicht, ich will es ändern."

Ariane, Psychotherapeutin, sieht ihren Schwachpunkt inzwischen als interessante Herausforderung. Kürzlich hat sie wieder aus Mitgefühl einen Klienten angenommen, obwohl sie schon voll ausgelastet und mit ihren Kräften am Limit ist. Früher hätte sie sich noch stundenlang danach geärgert, wie inkonsequent und nachgiebig sie ist. Nun sagt sie sich: "Es ist in Ordnung - für jetzt." Das heißt: Ich habe falsch reagiert, aber das verzeihe ich mir. Trotzdem gebe ich es nicht auf, mich in diesem Punkt zu verändern. Beim nächsten Mal werde ich es besser machen.

Es braucht eben seine Zeit, eine lange eingeübte Gewohnheit zu durchbrechen. Mit festem Willen wird es gelingen, und nur darauf kommt es an, egal, wie lange das noch dauert.

Dieses Rezept für den Umgang mit den eigenen Mängeln bewährt sich, solange es sich um wirklich angebrachte Selbstkritik handelt. Etwas ganz anderes ist es, wenn die negativen Beurteilungen nichts zur Entwicklung der Persönlichkeit beitragen, sondern nur das Selbstwertgefühl beeinträchtigen. Dann haben wir es mit einer schädlichen Selbstbeeinflussung zu tun. Die aber ist nicht von selbst entstanden.

Die Macht der magischen Sprüche

Schon von früher Kindheit an erhalten wir von unserer Umgebung Beurteilungen, die für das ganze Leben prägend sein können. Ich bezeichne solche Urteile als "Zaubersprüche", weil sie ähnlich intensiv wirken wie magische Formeln bei Harry Potter. Wie es weiße und schwarze Magie gibt, so gibt es auch positive und negative Zaubersprüche.

Sind die Zuschreibungen *günstig*, werden wir dadurch gestärkt und gewinnen daraus Kraft und Sicherheit.

Melanie hatte in diesem Punkt Glück: Ihren ersten positiven Zauberspruch bekam sie verpasst, als sie gerade ein paar Minuten auf der Welt war. Die Hebamme gab ihr einen Klaps auf den Po und sagte zu ihrer Mutter: "Sie wird mal intelligent - sie hat große Hände und Füße." So unsinnig diese Schlussfolgerung auch war, entwickelte sich dieser Spruch, von ihrer Mutter mit einem Augenzwinkern gerne als Anekdote weitergegeben, zur selbsterfüllenden Prophezeiung: Während der ganzen Schulzeit galt Melanie als kluges Kind, und wenn sie mal etwas nicht konnte, war sie eben nur zu faul. Obwohl ihr IQ nicht höher ist als bei den meisten Menschen, besitzt sie in diesem Punkt bis heute ein gesundes Selbstvertrauen und hat keine Angst vor intellektuellen Herausforderungen.

Doch selten genug haben wir von unseren Eltern oder Erziehern gehört: "Du schaffst das!", "Riskier ruhig mal etwas, mein Schatz." oder "Toll, wie du das gemacht hast." "Du bist großartig." Viel häufiger wirken negative Sprüche auf uns ein. Wahrscheinlich werden sie selten in böser Absicht gesprochen. Meist sollen sie uns erziehen und auf den richtigen Weg bringen. Oder sie stammen aus persönlichen Überzeugungen und werden unbedacht geäußert. Trotzdem können sie noch heute wie ein Fluch auf uns liegen, unseren Blick für unser Aussehen und unsere Fähigkeiten trüben, uns einschränken und uns daran hindern, uns so zu lieben, wie wir sind. Von dieser Sorte war Helens Zauberspruch. Die Großmutter, bei der sie aufwuchs, vermittelte ihr: "Du bist hässlich." Sie fand, Helen sähe einer Verwandten ähnlich, die sie absolut nicht mochte. Tatsächlich war Helen jahrelang davon überzeugt, nicht gut auszusehen. Erst als ihr während der Studienzeit ein Job als Model angeboten wurde und sie genug Bestätigung von ihren Freunden und Freundinnen erhielt, konnte sie ihr Äußeres allmählich akzeptieren.

So wird bei kleinen Mädchen die Schönheit weggehext

Natürlich reicht selten ein einzelner Satz, um tiefgehend zu wirken. Solche Sprüche können jedoch Ausdruck eines allgemeinen Klimas sein, in dem das Kind aufwächst, oder sie verdeutlichen Werte und Normen, die in seiner Umgebung herrschen. Wenn man immer wieder das gleiche hört oder erlebt, höhlt steter Tropfen den Stein. Als Kinder sind wir beeinflussbar und haben den Zuschreibungen der Erwachsenen noch keine Lebenserfahrung oder psychologischen Kenntnisse entgegenzusetzen. Stattdessen glauben wir, was wir über uns hören und verhalten uns danach - mit dem Effekt, dass wir genau die Prophezeiung erfüllen.

Negative Zaubersprüche über das Aussehen beeinträchtigen uns besonders, weil in unserer Gesellschaft weibliche Schönheit einen hohen Stellenwert besitzt. Sie führen dazu, dass wir uns auf unser Übergewicht oder unsere Schlupflider konzentrieren und uns von diesen scheinbaren Mängeln tyrannisieren lassen. Wie Barbara, dreißig Jahre alt, Architektin in Hamburg. "Du hast ja Sauerkrautstampfer" hänselten ihre Brüder sie wegen ihrer Beine. Einige Jahre später, als Barbara glücklich in den Armen ihrer ersten großen Liebe lag, begann der junge Mann plötzlich zu lachen und sagte: "Was hast du bloß für komische Beine?". Noch zehn Jahre später trug Barbara ausschließlich wadenlange Röcke, obwohl das nicht zu ihrer Figur passte. Auf einem Seminar zum Thema "Schönheit von innen und außen", auf dem auch eine Stylistin fachlichen Rat gab, ermutigten wir Barbara, uns doch einmal ihre Beine zu zeigen, die unter ihrem Rock kaum zu sehen waren. Nach ihren Schilderungen machten wir uns auf einiges gefasst. Als Barbara verlegen ihren Saum anhob, sahen wir ziemlich verblüfft ganz normal geformte Beine, die höchstens ein bisschen mollig waren. Zuerst konnte Barbara unsere Rückmeldung gar nicht annehmen. Weil sie aber auf unsere Ehrlichkeit vertraute, ließ sie sich davon überzeugen, dass es keinen Grund zum Verstecken ihrer Beine gab. Ein paar Wochen später sah ich zufällig Barbaras Bild in der Zeitung. Sie hatte einen Preis in einem Architektur-Wettbewerb gewonnen. Auf dem Foto erkannte ich sie kaum wieder: Sie trug ein schickes Kostüm in italienischer Länge, eine neue Frisur und strahlte. Offenbar hatte sich für sie innerlich eine Tür geöffnet, nachdem sie aufgehört hatte, auf ihren vermeintlichen Schwachpunkt zu starren.

Meist führt der eingeengte Blick auf die angeblich hässlichen Stellen dazu, dass wir alles übersehen, was schön und reizvoll an uns ist. Die Hamburger Visagistin Astrid Wronsky, die schon viele Stars und Models, aber auch ganz normale Frauen geschminkt hat, sagt: "Anstatt die schönen Aspekte des Körpers zu betonen, geht es für viele Frauen zu sehr darum, wie sich etwaige Makel kaschieren lassen. Dabei sind es oft gerade sie, die eine Persönlichkeit interessant machen, wie etwa eine markante Nase.“

Wie das Selbstbewusstsein Kratzer bekommt

Zaubersprüche beziehen sich nicht nur gezielt auf einzelne äußere oder innere "Schwachpunkte" wie dicke Beine oder schlechte Leistungen in der Schule, sie können auch allgemein sein. Dann wirken sie meist besonders stark und halten sich sehr hartnäckig: "Aus dir wird nie was." - "Du kannst froh sein, wenn du überhaupt einen Mann kriegst." - "Kinder mit 'nem Willen kriegen was auf die Brillen." - "Frauen taugen sowieso nichts." - "Du endest noch mal genau so wie deine verrückte Tante."

Manchmal werden sie sogar überhaupt nicht in Worte gefasst, sondern durch abschätzige Blicke, kaltes Lächeln oder bewusstes Übersehen vermittelt. Der Effekt ist jedoch stets der gleiche: Unser Selbstwertgefühl schrumpft.

Das Bild, das auf diese Weise in uns entsteht, hat nur wenig mit unserer tatsächlichen Persönlichkeit zu tun. Vielmehr ist es nichts anderes als die Summe der Familiensprüche, der Wert- und Moralvorstellungen und der uns so vermittelten Erfahrungen. Das Traurige ist nur: Wir verinnerlichen diese Sprüche so sehr, dass wir sie am Ende für die objektive Wahrheit halten und uns selbst damit "verzaubern". Heraus kommt - kaum verwunderlich - ein Bild des Ungenügens. Unser Selbstbewusstsein bekommt Kratzer, die wir geschickt zu verbergen suchen. Wir kompensieren unser Minderwertigkeitsgefühl etwa durch Leistung oder Anpassung. Wir holen uns durch Tüchtigkeit oder besondere Liebenswürdigkeit die Anerkennung, die wir brauchen. Das baut uns zwar auf, trägt aber nicht wirklich. In kritischen Phasen, eben auch dann, wenn wir einen Partner suchen, kann die Unsicherheit unvermutet wieder aufbrechen.

Fotos bringen Sie auf die heiße Spur

Wie viele Minuszeichen auf Ihren Listen sind wohl das Ergebnis solcher Zaubersprüche? Um das herauszufinden, möchte ich Ihnen einen Weg vorschlagen, der Ihre Erinnerung anregt:

- Wählen Sie zehn Fotos von sich aus. (Falls Sie die Fotos nur auf Ihrem PC haben, drucken Sie sie bitte aus oder lassen Sie sie abziehen.) Die Fotos sollen für Sie eine besondere Bedeutung haben, weil Sie sich darauf gefallen oder ablehnen, oder weil Sie dadurch an ein wichtiges Erlebnis erinnert werden. Es spielt keine Rolle, ob Sie alleine oder mit anderen Personen auf dem Foto abgebildet sind.

- Die folgende Phasen sollten durch ein Foto repräsentiert sein:
  - Säugling
  - Kleinkind
  - Kindergartenalter
  - Erstes Schuljahr
  - Pubertät
  - Jugend
  - Vier Bilder für je eine wichtige Phase im Erwachsenenalter, zum Beispiel eins von Ihrer Hochzeit, einem schönem Urlaub mit einer Freundin, mit Kind, nach der Scheidung, mit den Kollegen in der neuen Firma. Bestimmen Sie selbst, was für Sie Bedeutung hat.

- Nehmen Sie einen großen Bogen Papier und ordnen Sie die ausgesuchten Bilder darauf chronologisch an. Lassen Sie genügend Platz zwischen den einzelnen Fotos, damit Sie später etwas dazu schreiben können.

- Geben Sie jedem Foto eine Überschrift, die Ihre Gefühle oder die damalige Situation in einem Satz charakterisiert, zum Beispiel "Mamas Sonnenschein" oder "Endlich frei!"

- Überlegen Sie, an welche ausgesprochenen und unausgesprochenen (Zauber-)Sprüche Sie sich im Zusammenhang mit jedem Foto erinnern. Etwa "Nimm dich nicht so wichtig" (Vater), "Na, du langes Ende, wie ist denn die Luft da oben?" (Mitschüler). Schreiben Sie diese Sätze jeweils zu dem Foto und setzen Sie in Klammern hinzu, wer sie gesagt hat.

Diese Methode, verschütteten Einflüssen auf die Spur zu kommen, brachte in meinen Seminaren für viele Frauen interessante Ergebnisse. Plötzlich waren sie alle wieder da, die magischen Sätze, die den Lebensweg von früh an begleitet hatten. Sogar solche, die gar nicht deutlich artikuliert wurden, aber doch eine klare Botschaft vermittelten, wie "Auffallen ist unfein" oder "Es kommt in erster Linie auf die inneren Werte an".

Karla, eine etwas spröde wirkende, betont sportlich gekleidete Bankerin, schrieb an ein Foto, dass sie im Alter von neun Jahren mit Kurzhaarschnitt und in Lederhosen zeigte, den Satz ihrer Eltern: "Eigentlich hättest du ein Junge werden sollen." Sie hatte ihn schon fast vergessen. Nun brachte sie ihn zum ersten Mal mit ihren gegenwärtigen Zweifeln in Verbindung, nicht weiblich genug zu sein.

Svenja, eine zurückhaltende Lehrerin, die darunter litt, dass sie oft von anderen unterschätzt und übergangen wurde, hatte neben ihrem Abitur-Foto den Satz "Da hast du ja wohl Glück gehabt" notiert. So kommentierte ihre Mutter damals ihr gutes Zeugnis. Svenja fielen dann noch mehr abschätzige Bemerkungen dieser Art ein, die ihr Selbstwertgefühl verringerten.

Geben Sie die Zaubersprüche zurück!

Sigmund Freud war der Ansicht, dass alles, was aus der Verdrängung, dem scheinbaren Vergessen, ans Licht gehoben wird, dadurch bereits eine Heilung erfährt. Ganz so einfach ist es zwar nicht, aber es ist immerhin ein Anfang. Zuschreibungen, die ins Bewusstsein gelangen, verlieren ihren magischen Charakter. Als Erwachsene können wir nun entscheiden, ob wir uns ihrer Macht weiter beugen oder ihr etwas entgegensetzen wollen. Leicht ist der Kampf gegen Zaubersprüche nicht, darüber dürfen wir uns keine Illusionen machen. Oft dauert es Jahre, bis die negativen Spuren tatsächlich getilgt sind, und manche werden sich vielleicht nie ganz auslöschen lassen. Eine Kollegin von mir formulierte es so: "Ich weiß, dass ich Wunden habe, die nie heilen werden. Aber ich kenne sie inzwischen und kann deshalb viel besser mit ihnen umgehen." Wenn wir uns von unseren Zaubersprüchen lösen, gewinnen wir nicht nur mehr Selbstvertrauen und Lebensfreude, sondern auch mehr Ausstrahlung.

Als ersten konkreten Schritt auf diesem Wege können Sie die Zaubersprüche, mit denen Sie nicht länger leben möchten, an ihre Urheber zurückgeben. Die Methode des "Leeren Stuhls" lässt sich auch hier anwenden: Setzen Sie in Ihrer Phantasie jeweils die Person vor sich, der sie einen bestimmten Spruch verdanken. Sagen Sie ihr, dass er keine Gültigkeit mehr für Sie hat. Formulieren Sie, was Sie stattdessen von nun an über sich glauben wollen.

Karla sagte zum Beispiel: "Papa, ich bin kein verhinderter Junge, sondern ein weibliches Wesen. Von jetzt an will ich eine Frau sein und feminine Kleidung anziehen!" Svenja gab ihrer Mutter auf dem leeren Stuhl sämtliche Sprüche mit den Worten zurück: "Deine geringschätzigen Bemerkungen drücken nur deine eigenen Minderwertigkeitsgefühle aus, sagen aber nichts über mich. Ich nehme sie nicht mehr an. Ich bin eine fähige und kompetente Frau und möchte in Zukunft auch so gesehen und behandelt werden."

Es braucht Zeit und Konzentration, sich so intensiv mit sich selbst zu beschäftigen. Aber da sich vermutlich kein Prinz wie im Märchen durch die Dornenhecke schlägt, um uns zu erlösen, müssen wir das schon selbst tun. Das Paradoxe ist: Wenn wir es geschafft haben, besteht die größte Chance, den richtigen Partner anzuziehen. Wir müssen ihn dann nämlich nicht danach aussuchen, wie viel Selbstbestätigung er uns gibt, sondern danach, wie gut er tatsächlich zu uns passt. Als selbstbewusste Frauen sind wir auch davor gefeit, uns mit einem "Besser-den-als-keinen"- Mann einzulassen.

Wissen Sie, wie Sie wirken?

Unsere Persönlichkeit möglichst frei zu entfalten, ist eine Sache. Eine andere ist, was wir davon nach außen geben. Sobald wir in Kontakt zu anderen Menschen treten, treffen wir bewusst oder unbewusst eine Auswahl, welche Eigenschaften wir zeigen und welche wir verbergen möchten. Natürlich ist dabei nicht alles steuerbar. Vieles von dem, was wir anderen nur ungern über uns mitteilen, wie etwa Lampenfieber oder eine depressive Stimmung, verraten wir trotz aller Anstrengung durch die Körpersprache. Im großen und ganzen jedoch haben wir es in der Hand, wie wir erscheinen möchten. Was dabei herauskommt, ist verglichen mit der Vielzahl unserer Eigenschaften eine ziemlich eingeschränkte Darstellung unserer Person. Das gilt sogar dann, wenn man berücksichtigt, dass wir uns ja nicht jedem gegenüber gleich verhalten, sondern uns nach der entsprechenden Rolle richten. Einer Freundin zeigt man eine andere Seite als dem Chef. Trotz dieser Unterschiede entsteht in der Summe ein typisches Bild. Wissen Sie genau, welches Sie vermitteln?

Wenn Sie Ihre Wirkung besser abschätzen möchten, können Sie das präzise überprüfen:

- Schreiben Sie mindestens zwölf Eigenschaften auf, die für Sie im Umgang mit anderen Menschen typisch sind. Es kann durchaus sein, dass sie sich an manchen Stellen mit den vorausgegangenen Checklisten überschneiden.
  Zum Beispiel :

- Ich bin meist freundlich.
- Mir fällt es leicht, ein Gespräch anzufangen.
- Wenn ich mich unsicher fühle, rede ich zu viel.
- Ich gebe gerne mit meinen Erfolgen an.
- Ich rede am liebsten über meine Arbeit.
- Mir fällt es schwer, über Gefühle zu sprechen.

Wenn Ihre Auflistung ehrlich ist, gibt sie das Bild recht gut wieder, das Ihre Umgebung von Ihnen erhält. Eine sinnvolle Ergänzung ist auch hier die Rückmeldung durch andere. In Seminaren, in denen wir uns mit Persönlichkeit und Ausstrahlung befassen, lade ich aus diesem Grund zu einer Feedback-Runde ein: Als erstes sagt jede Teilnehmerin, wie sie glaubt, dass sie auf andere Menschen wirkt. Dann teilen ihr die übrigen ehrlich mit, wie sie sie wahrnehmen. In zahlreichen Feedback-Runden habe ich die Erfahrung gemacht, dass andere unsere inneren und äußeren Qualitäten oft deutlicher sehen als wir selbst, aber auch manche Züge, die uns nicht so bewusst sind. Zum Beispiel, wenn wir arrogant oder brav erscheinen, ohne das selbst zu wissen. "Bin ich wirklich so?" ist dann oft die erstaunte Frage.

Jede Maske ist auch ein wahres Gesicht

Psychologisch lässt sich unsere Selbstdarstellung als "Maske" bezeichnen. Leider ist dieses Wort im allgemeinen Sprachgebrauch vorbelastet. Es klingt nach Falschheit und Verstecken. So ist es hier aber keineswegs gemeint. Vielmehr handelt es sich um einen sinnvollen Schutz, hinter dem wir Teile unserer Persönlichkeit verbergen, die wir nicht jedem offenbaren möchten. Und das ganz zu Recht! Es wäre ein Zeichen von Unreife und im Extremfall sogar von geistiger Verwirrung, würden wir ungefiltert preisgeben, was wir fühlen und denken. In diesem Sinne hat unsere Maske eine wichtige soziale Funktion. Jeder Mensch trägt seine spezielle Maske, das heißt, er stellt sich auf spezifische Weise dar. Sogar dann, wenn wir uns nach außen anders geben, als wir uns tatsächlich fühlen, benutzen wir dazu einen echten Bestandteil unserer Persönlichkeit. Von Hilarion Petzold, dem Begründer der Integrativen Therapie, stammt der Satz: "Jede Maske ist ein wahres Gesicht." Er will damit sagen, dass wir schließlich nur etwas zeigen können, das wir zumindest als Anteil auch in uns tragen. Wir haben uns entschieden, genau diesen Aspekt im Umgang mit anderen vorwiegend herauszukehren.

Wir zeigen, was uns vertraut ist

Erfahrungsgemäß wählen wir dafür ein Verhalten, das uns besonders leicht fällt, weil wir es schon von früher Kindheit an geübt haben. Vielleicht ist es objektiv gesehen längst nicht mehr günstig für uns, aber es ist uns vertraut und steht uns am schnellsten zur Verfügung. So setzen wir zum Beispiel bevorzugt unsere Schlagfertigkeit, unsere Kompetenz oder unseren Charme ein. Oder wir zeigen unsere Hilflosigkeit, Strenge, gute Erziehung oder Zurückhaltung.

Zu unserer bewährten Maske greifen wir vor allem dann, wenn wir uns in einer kritischen Situation befinden. Dazu gehört auch, einen Mann kennenzulernen. In solchen Fällen gibt uns unser Verhaltensrepertoire die notwendige Sicherheit.

In meiner Praxis kann ich das regelmäßig überprüfen: Wenn eine Klientin oder ein Klient erstmalig zum Coaching kommen, achte ich darauf, auf welche Weise sie oder er unsere Begegnung gestaltet. Die eine Klientin stürmt die Treppe hoch, drückt mir kräftig die Hand. Die andere steigt die Stufen zögernd hinauf, bleibt zunächst reserviert an der Eingangstür stehen. Der eine sprudelt gleich seine Probleme heraus, der andere schaut mich fragend und unsicher an. Aus der Art und Weise, wie sie ankommen und sich geben, erfahre ich ohne große Worte etwas über ihre Art, Kontakt zu anderen Menschen zu knüpfen und damit oft auch schon etwas über ihre Schwierigkeiten. Nun bin ich geschult, auf diese Dinge zu achten. Ich bin aber sicher, dass die Maske, die Menschen zeigen, auch auf jemanden ohne psychologische Vorkenntnisse eine ganz bestimmte Wirkung hat. Deshalb ist es wichtig, unsere eigene zu kennen und die Resonanz darauf abschätzen zu können. Andernfalls kann es passieren, dass wir genau das Gegenteil von dem erreichen, was wir uns wünschen.

Oda, eine noch wenig bekannte, aber talentierte Malerin, hält es für originell, ihre Gesprächspartner verbal anzugreifen. Am liebsten erscheint sie in der Maske des "enfant terrible" und gewinnt damit tatsächlich eine gewisse Aufmerksamkeit. Kürzlich war sie bei einem Kunst-Mäzen zu einem Essen eingeladen. Oda versprach sich viel von der persönlichen Begegnung und rechnete damit, für ihre Malerei eine großzügige finanzielle Unterstützung zu erhalten. Ihr Tischherr war der Chefredakteur einer bekannten Frauenzeitschrift. Nachdem er sich ihr vorgestellt hatte, spottete Oda in ihrer bewährten Manier: "Sie geben sich als Mann tatsächlich mit diesen banalen Nähkästchen-Geschichten ab?" Der Redakteur hatte leider nicht genug Humor, um diese Bemerkung witzig zu finden. Er war gekränkt. Pech für Oda, dass er ein guter Freund des Mäzens war und sich bei ihm negativ über sie äußerte.

Wie Oda mit Zufallsbekanntschaften, Kollegen oder Freunden umgeht, so wird sie sich vermutlich auch verhalten, wenn ihr auf ihrer Suche nach dem passenden Partner ein Mann begegnet. Falls wir einsehen, dass wir mit einem bestimmten Verhalten bei anderen nicht gut ankommen, sollten wir daran arbeiten, anstatt lässig oder resigniert zu sagen: "Ich bin nun mal so."

Optische Signale

Wir wirken nicht nur durch unser Verhalten, sondern auch durch die optischen Signale, die wir senden. Nicht umsonst bezeichnet man die Kleidung als "zweite Haut". Sie macht unsere Persönlichkeit sinnlich sichtbar. Dabei ist die Wechselwirkung zwischen Sender und Empfänger kaum zu unterschätzen.

Die Journalistin Ulrike Fischer hat das am eigenen Leibe festgestellt. Für eine Reportage schlüpfte sie, von einem Profi-Team unterstützt, in vier verschiedene Outfits und testete ihre Wirkung: Cool als Karriere-Frau, edel und teuer als Society-Lady, ökomäßig in der Jeans-Latzhose und sexy in einem schwarzen Spitzenfummel. Sie wollte wissen: "Kann man seine Umgebung mit ein bisschen Optik und passendem Zubehör tatsächlich so schnell beeindrucken, womöglich sogar das Verhalten anderer beeinflussen?" Ihr Fazit: "Ich habe es selbst erlebt: Man kann!"

Signale wie Frisur, Kleidung und Make-up funktionieren in unserem Kulturkreis nach ziemlich übereinstimmenden Regeln. Wenn Julia Roberts als "Pretty Woman" mit kniehohen Lackstiefeln, in Minirock und knappem Bustier über den Rodeo Drive stöckelt, wird sie als leichtes Mädchen identifiziert. Im teuren Chanel Kostüm dagegen geht sie problemlos als Mitglied der Oberschicht durch.

Wir sollten uns in jedem Fall des Signalwertes unserer Kleidung bewusst sein. Äußerlichkeiten werden von anderen in Sekundenschnelle bewertet und einsortiert. Unser Gegenüber schließt daraus, wer wir sind, woher wir kommen und was wir wollen.

Sage mir, was du anziehst...

Falls Sie nicht ganz sicher sind, zu welchen Signalen Sie hauptsächlich tendieren, können Sie das mit dem folgenden Test herausfinden:

- Schreiben Sie zunächst mindestens zwanzig Kleidungsstücke und Accessoires auf, die Sie häufig und gerne tragen. Es ist egal,

ob es sich um Winter- oder Sommergarderobe, um Freizeit- oder Berufslook handelt.
Zum Beispiel:
- Sneakers
- Jeans
- Twinset
- Perlenkette
- Faltenrock
- Silberkreolen
- Seidentop
- Ledermini

- Ordnen Sie nun jedes Kleidungsstück einer der folgenden Stilrichtungen zu, indem Sie dafür nach Ihrer Einschätzung ein Kreuz hinter einen der folgenden Stile machen:
  - elegant
  - sportlich
  - extravagant
  - romantisch
  - weiblich
  - konservativ
  - natürlich
  - sachlich
  - lässig
  - sexy
  - wild
  - klassisch

Ihr Erscheinungsbild entspricht der Stilrichtung, hinter der Sie die meisten Kreuze gesammelt haben. Natürlich sind auch Mischformen möglich. Das ist dann der Fall, wenn Sie die gleiche Anzahl Kreuze hinter verschiedene Stile gemacht haben. Sollten es jedoch mehr als drei unterschiedliche Richtungen sein, können Sie davon ausgehen, dass Sie auf Ihre Umwelt etwas verwirrend wirken, zumindest aber schwer einzuordnen sind.

Senden Sie die richtigen Signale?

Wenn Sie genau wissen, wie Sie durch Ihr Verhalten und Ihre Kleidung wirken, bleibt noch die Frage offen, ob Sie damit auch die richtigen Signale senden und auf diese Weise den passenden Partner auf sich aufmerksam machen.

Für den ersten Eindruck gibt es keine zweite Chance, heißt es. Da ist etwas dran. Bevor wir noch Gelegenheit finden, unsere guten Seiten zu zeigen, ist das Interesse des anderen eventuell schon erloschen - durch falsche Signale. Oder wir ziehen jemanden an, der auf die Dauer kaum der Richtige ist.

Isabel trägt mit Vorliebe ein hautenges kleines Schwarzes, schminkt sich die Lippen knallrot und raucht dünne Zigarillos. Sie ist immer da, wo etwas Besonderes läuft, bei einer Vernissage, einem Konzert oder auf einer Party. Isabels Auftreten führt dazu, dass sie Künstlertypen anzieht. In den vergangenen drei Jahren waren es unter anderem ein Filmregisseur, ein Musikstudent und ein Maler. Dabei ist Isabel im Grunde ihres Herzens alles andere als eine Exzentrikerin. Sie hat eher mütterliche Züge. Sie glaubt jedoch, dass sie nur dann interessant ist, wenn sie sich extravagant gibt. Also kehrt sie diese Seite heraus. Genau die Diskrepanz zwischen ihrem Erscheinungsbild und ihrem Wesen tragen aber zu ihrem Pech in der Liebe bei: Zunächst fliegen die Männer auf sie, die in ihr eine Gleichgesinnte vermuten. Sobald sie merken, dass hinter Isabels Glitzerfassade ein ruhiges Wesen steckt, langweilen sie sich und beenden über kurz oder lang die Beziehung. Dieser Teufelskreis wird vermutlich erst dann durchbrochen, wenn Isabel ihre Signale ändert.

Lea, 31 Jahre, Produktmanagerin in einem großen Konzern, hat ein ähnliches Problem, aber im wahrsten Sinne des Wortes in einem anderen Gewand. Lea erscheint makellos mit dezentem Make-up und Designeranzug. Bloß: Warum fällt sie niemandem auf? Warum nimmt niemand von ihr Notiz? Es ist ihr nicht bewusst, dass sie mit ihrer Kleidung eine Art Tarnkappe aufgesetzt hat. Sie kleidet sich korrekt, aber ohne jede persönliche Note. So wirkt sie farblos, obwohl sie es ihrem Wesen nach gar nicht ist. Mit den gediegenen Herren und smarten Yuppies, die sich hier und da für sie interessieren, kann sie aber wenig anfangen.

Auch Kleidung mit erotischem Touch hat einen bestimmten Signalwert. Simone wundert sich, warum ihr die Männer dauernd eindeutige Angebote machen. Sie ist blind für den Zusammenhang mit ihrem großzügigen Dekolleté und ihren lockeren Sprüchen. Untersuchungen haben ergeben, dass Männer darauf ziemlich prompt reagieren. Leider aber nur auf den Auslöser und weniger auf die ganze Person.

"Wieso soll ich mich nicht sexy kleiden, bloß weil ich damit bestimmte Signale setze?" beschwerte sich eine junge Frau bei mir in einer Diskussionsrunde zum Thema "Von der Liebe enttäuscht". "Das ist doch genauso blödsinnig und unemanzipiert wie der Vorwurf, eine Frau im Minirock würde zur Vergewaltigung einladen." Ich konnte sie davon überzeugen, dass es mir nicht darum geht, den moralischen Zeigefinger zu erheben. Jede Frau soll sich unbedingt so sexy kleiden, wie sie möchte. Nur muss sie wissen, was sie damit bewirkt und sich fragen, ob es das ist, was sie will.

Verhalten und Kleidung sollten nicht nur mit einem kleinen Teilbereich unserer Persönlichkeit übereinstimmen. Signale sind meist dann falsch, wenn sie nur die Seite repräsentieren, die wir für publikumswirksam und attraktiv halten, die aber unser wahres Wesen nicht ausreichend trifft. Dann wird unsere Maske leicht zu Fassade, hinter der wir uns verstecken.

Signale zu verändern kostet Überwindung

Wenn Sie Ihre äußeren Signale ändern möchten, ist das zu Beginn gewiss nicht einfach, vor allem, wenn Sie sich über Jahre an eine bestimmte Form der Selbstdarstellung gewöhnt haben. Dann macht es ziemlich Angst, sie aufzugeben.

So geht es Senta, die sich mit dreiundvierzig Jahren noch immer so schrill stylt wie mit dreiundzwanzig. Sie hat durchaus Erfolg mit ihren dramatischen Auftritten, die ihrer Umwelt deutlich signalisieren: "Ich bin eine temperamentvolle Frau!" Aber es kostet sie zunehmend Kraft, so wild daherzukommen. Manchmal würde sie es viel mehr genießen, etwas gemäßigter zu erscheinen. Doch ohne ihre bewährte Maske fürchtet sie, dass keiner mehr guckt. Wenn Senta Signale senden will, die besser zu ihr passen, muss sie nicht gleich zur grauen Maus mutieren. Es reicht, dass sie fürs erste auf die getigerte Brille und die riesigen Ohrclips verzichtet - und dann überprüft, ob man sie nun wirklich übersieht. Außerdem könnte sie versuchsweise im vertrauten Kreis ihre sensible Seite und ihre Nachdenklichkeit deutlicher werden lassen und dabei vielleicht die Entdeckung machen, dass sie auch damit gut ankommt.

Umgekehrt ist es ebenso. Wenn wir uns entschließen, endlich mehr ins Rampenlicht zu treten, unsere bunten, extravaganten und sinnlichen Facetten zu zeigen, geht das auch nicht von heute auf morgen. Wir müssen uns Zeit lassen, in die neue Erscheinungsform hineinzuwachsen. Andernfalls wirkt sie eher wie eine Verkleidung.

Ich möchte es auf die Formel bringen: Signale sind richtig, wenn sie so viel wie möglich von unserer wahren Persönlichkeit widerspiegeln. Das sollten Sie anstreben, auch wenn Sie sich dabei vielleicht zunächst unsicher fühlen. Carl Rogers, Begründer der Gesprächstherapie, wies darauf hin, wie wichtig es ist, sich so zu geben, wie man ist. Er bezeichnete das als "Echtheit" (Congruence). In Hunderten von Workshops mit den unterschiedlichsten Gruppen erlebte er immer wieder, dass die Frauen und Männer umso mehr angenommen und gemocht wurden, je offener sie sich gaben und je weniger sie sich hinter einer Fassade versteckten. Von Rogers stammt ein Satz, den ich sehr schätze. Meiner Ansicht gibt er auch einen Hinweis darauf, wie wir den passenden Partner anziehen können. Er lautet: "Wie soll ich dich lieben, wenn ich dich nicht sehe?"

Locker bleiben

Äußere Signale können wir von heute auf morgen verändern, doch nicht alles ist so einfach unserem Willen unterworfen. Manchmal verhalten wir uns wider besseres Wissen wie unter einem Zwang völlig ungeschickt und falsch – und zwar gerade dann, wenn es darauf ankommt und uns an der betreffenden Person viel liegt.

"Ich hätte gerne einen Freund", sagte eine Zuhörerin in der Diskussionsrunde nach einem Vortrag. "Ich treffe auch hier und da einen Mann, der mir gut gefällt. Und dann geht es los: Anstatt nun besonders charmant und freundlich zu sein, reagiere ich pampig. Einer hat schon mal gemeint, ich sei wohl ziemlich arrogant. Das bin ich gar nicht. Alle, die mich näher kennen, können das bestätigen. Aber ich werde automatisch merkwürdig, wenn mich ein Mann ernsthaft interessiert."

Judith, eine 29 Jahre alte Apothekerin, berichtete in einem Single-Seminar ähnliches: "Manchmal gehe ich allein in die Disco. Meist stehe ich dann an der Bar und trinke etwas. Vom Sehen finde ich schon den einen oder anderen Mann gut. Ich hoffe immer, dass mal einer auf mich zukommt und mit mir tanzen oder sich unterhalten will. Fehlanzeige. Ich muss wohl irgendwas Abschreckendes an mir haben." Da Judith durchaus attraktiv und sympathisch wirkte, war zu vermuten, dass sie sich in irgendeiner Form selbst blockierte. Um das herauszufinden, schlug ich ihr vor, doch mal in einem Rollenspiel zu überprüfen, was eigentlich in einer solchen Situation genau passiert. Wir inszenierten die Disco-Szene: Ein Tisch stellte die Bar dar, einige Teilnehmerinnen spielten die männlichen Disco-Besucher. Judith instruierte sie vorab, wie sie sich möglichst echt zu verhalten hätten. Dann kam ihr Auftritt. Sie stellte sich an die Bar. Dabei sah sie über die Köpfe der "Männer" hinweg. Mit der linken Hand hielt sie ihren rechten Ellenbogen fest. Ihre ganze Körpersprache vermittelte: "Lasst mich bloß in Ruhe." Genau diese Botschaft kam auch bei den Frauen an, die die Disco-Besucher spielten. "An dich würde ich mich nicht herantrauen", sagte die eine. "Du wirkst so unnahbar" die andere. "Als ob du deine Ruhe haben willst", ergänzte eine dritte. Und was ging in Judith selbst vor? Als ich sie danach fragte, konnte sie sich zunächst nur an ein allgemeines Gefühl des Unbehagens erinnern. Ich bat sie, noch einmal die Position an der Bar einzunehmen und dann ihre Gedanken laut auszusprechen. Spontan sagte sie: "Die denken jetzt bestimmt, ich will was von ihnen" und "So etwas tut man nicht. Man bietet sich als Frau nicht an."

Bei Aussagen dieser Art werde ich immer hellhörig. Meist stammen sie aus einem Bereich der Persönlichkeit, den Eric Berne das "Eltern-Ich" nennt. Das heißt, dass wir Regeln unserer Eltern verinnerlicht haben und uns danach richten. Als ich Judith fragte, wen sie denn diesen Satz sagen hört, kam wie aus der Pistole geschossen: "Meine Mutter." Die Botschaft der Mutter führte dazu, dass Judith zwar als emanzipierte Frau allein ausging, sich dann aber total abweisend verhielt.

Der Dauersender im Kopf - Wie gut ist sein Programm?

Judith ist ein typisches Beispiel dafür, wie sehr wir uns unbewusst von unseren Gedanken leiten lassen. Jeder Gedanke ist wie eine Stimme im Kopf. Häufig redet nicht nur eine einzige, sondern ein ganzer Chor auf uns ein. Vielleicht klingt das für Sie etwas schizophren, aber achten Sie einmal selbst darauf: Ständig führen wir innerlich Selbstgespräche. Wir überlegen, warum unsere Freundin am Telefon so kurz angebunden war, erinnern uns an den letzten Urlaub, planen das kommende Wochenende, erwägen, ob wir eine Gehaltserhöhung fordern sollen.

Die inneren Stimmen schweigen keine Minute still. Nicht umsonst müssen sich Anhänger des Zen-Buddhismus jahrelangen Meditationsübungen unterziehen, um irgendwann wenigstens für kurze Zeit ihre Gedanken völlig abschalten zu können. Der Dauersender in unserem Kopf sendet nicht nur allgemeine Überlegungen für die Alltagsbewältigung, sondern erteilt uns auch jede Menge Instruktionen nach dem Motto "Das ist gut für dich." - "Das musst du tun." - "Das darfst du nicht." Aber wie ein Computer gibt er nur wieder, was im Laufe unseres Lebens in ihn hineingefüttert wurde. Eben auch die Moralvorstellungen unserer Eltern, nach denen wir dann handeln. Das läuft oft ähnlich unbewusst ab wie das Schalten beim Autofahren.

Innere Stimmen sind auch dann im Spiel, wenn wir uns merkwürdig, unnatürlich oder verkrampft verhalten, sobald wir auf der Suche nach einem Partner sind oder einem Mann begegnen, der uns ernsthaft interessiert. Nie sind es positive Stimmen, sondern solche, die uns herunterziehen oder behindern. Das Dumme ist nur, dass sie so blitzschnell zum Zuge kommen, dass wir sie meist gar nicht wahrnehmen. Wir denken schließlich nicht sachlich: "Ich bin zu dick, bin nicht so chic angezogen wie die anderen hier und habe auch den Film, von dem gerade alle sprechen, noch nicht gesehen. Also werde ich mich jetzt auf dieser Party möglichst in die Ecke stellen und mich linkisch verhalten, sobald mich ein Mann anspricht." Bewusst ist uns höchstens ein vages Gefühl von Traurigkeit oder Ungenügen und unsere verkrampfte Reaktion, die fast ohne unser Zutun abläuft und für die wir uns hinterher oft ohrfeigen könnten. Wir denken auch nicht in aller Klarheit: "Oh, dieser Mann ist aber toll. Er sieht gut aus und hat eine sympathische Art. Bestimmt verlieben sich viele Frauen in ihn. Da wird er sich wohl nicht gerade für mich interessieren, wo ich so still bin und nichts Besonderes zu erzählen weiß. Wahrscheinlich mag er lieber Frauen, die vor Temperament sprühen." Wir fühlen uns bloß irgendwie unterlegen und geben auf, bevor wir noch den Versuch gewagt haben, uns zu nähern.

Identifizieren Sie Ihre innere Stimmen

Ein Schlüssel zur Veränderung liegt darin, dass wir die Stimmen in uns identifizieren. Dazu müssen wir etwas Abstand zu uns selbst entwickeln und in uns hineinhorchen, anstatt unbewusst zu reagieren. Das klingt schwierig, ist aber reine Übungssache.

Wenn Sie es wirklich wollen, werden Sie nach und nach die Fähigkeit entwickeln, festzustellen, welche Stimme Sie gerade beeinflusst. Schon die nächste Situation dieser Art kann eine gute Gelegenheit sein, damit anzufangen. Gehen Sie ihr deshalb nicht aus dem Weg, sondern suchen Sie sie im Gegenteil auf:

- Sobald Sie das Gefühl haben, Sie verhalten sich bei der Begegnung mit einem Mann anders als mit einer Freundin, drehen etwa besonders auf, fühlen sich klein und hässlich oder werden stumm und angepasst, dann richten Sie Ihre Aufmerksamkeit nach innen. Fragen Sie sich "Was denke ich jetzt?".

- Identifizieren Sie die Stimme, die Ihre Gefühle und Ihr Verhalten begleitet. Machen Sie sich die Sätze deutlich bewusst. Mit Sicherheit ist es eine negative Stimme, die Ihnen Ihre psychische Kraft raubt. Sie sagt etwa: "Dräng dich bloß nicht auf, warte lieber ab." - "Wenn er dich erst näher kennenlernt, findet er dich sowieso unmöglich." - "Lass ihn bloß nicht merken, dass du dich für ihn interessierst." - "In Deinem Alter sollte man nicht mehr so verrückt sein." - "Nimm erst mal ein paar Pfund ab, bevor du dich auf die Tanzfläche traust."

- Als nächsten Schritt setzen Sie dieser negativen Stimme ganz entschieden eine positive entgegen.
  Sie können sich zum Beispiel sagen: "Ich bin eine liebenswerte Person. Es besteht kein Grund, dass ich mich in den Augen dieses Mannes klein mache oder selbst gering schätze." Oder, wie in Judiths Fall: "Es ist keine Schande, dass ich einen Partner suche. Und es ist völlig in Ordnung, dass ich alleine in dieses Lokal gehe."

Geben Sie der positiven Stimme die Macht

Wie Sie sich fühlen und wie Sie sich verhalten, bestimmt die innere Stimme, der Sie die Macht geben und auf die Sie hören.

Dass sich die inneren Stimmen sichtbar auswirken, demonstrierte auch der Psychologe Serge King auf einem Workshop. Er bat eine Frau aus dem Publikum, ihren rechten Arm nach vorne auszustrecken. Im Vortest versuchte er, ihn mit normaler Kraft herunterzudrücken, während die Frau mit Muskelanspannung dagegenhielt. Es gelang ihm nicht. Nun folgte die eigentliche Demonstration: King forderte die Frau auf, etwas Negatives über sich zu denken wie "Ich bin nichts wert." Während sie das dachte, konnte er ihren Arm mit Leichtigkeit nach unten drücken. Damit niemand behauptete, das käme nur dadurch, dass sie abgelenkt sei, sollte die Versuchsperson dann an etwas Positives über sich denken. Tatsächlich gelang es King in dieser Phase nicht mehr, ihren Arm herabzudrücken.

Was wie ein Zaubertrick erscheint - den Sie übrigens gerne selbst ausprobieren können - beweist, wie wirksam innere Stimmen sind. Das sollte für uns Grund genug sein, uns auch während der Suche nach einem Partner sorgfältig um die Stimmen zu kümmern, die uns dabei innerlich begleiten. Um zu entscheiden, ob wir das, was wir hören, akzeptieren oder nicht, hilft eine einzige Frage: "Nützt es mir?" Wenn nicht, ist es an der Zeit, die negative Stimme zu ersetzen.

Vermutlich wird sich die positive Stimme nicht von heute auf morgen gegen die negative durchsetzen. Dr. Shad Helmstetter, der sich intensiv mit der Wirkung von Selbstgesprächen beschäftigt hat, weiß: "Das Gehirn ist dazu geschaffen, Gewohnheiten zu folgen. Es ist nicht dafür vorgesehen, leichtfertig von einem Verhaltensmuster zum nächsten zu springen. Das Gewicht der alten Programmierung ist zu schwer, um es mit einem Handschlag vom Tisch zu fegen, aber das heißt noch lange nicht, dass es unmöglich ist, Fortschritte zu machen." Zuerst wird die positive Stimme vermutlich leise sein und Mühe haben, sich gegen die negative zu behaupten. Dennoch sollten Sie die Diskussionsrunde im Kopf solange durchstehen, bis die Argumente, die gut für Sie sind, gesiegt haben.

Mona hat das inzwischen geschafft. Früher verlor sie ihre Natürlichkeit, sobald sie einen Mann kennenlernte, der ihr gefiel. Beim ersten Date fing sie an, so richtig aufzudrehen. Sie erzählte pausenlos interessante Geschichten, gab mit ihrem tollen Job in einer Werbeagentur an, war schlagfertig und witzig. Anstatt hingerissen zu sein, waren die Männer von ihrem Feuerwerk eher verschreckt und ergriffen bald die Flucht.

Ich bat Mona, doch einmal in sich hineinzuhorchen. Sie fand heraus, dass ihre innere Stimme sagte: "Was du nicht an Schönheit hast, musst du mit Power wettmachen. Sei wenigstens unterhaltsam, sonst ist ja gar nichts an dir dran." Mona entwickelte nach und nach eine positive Gegenstimme, die sagte: "Ganz ruhig, nicht so hektisch. Wenn du auf den zweiten Blick interessant bist, reicht das völlig aus. Du musst niemanden beeindrucken." Als sie anfing, diese neue innere Stimme zu erproben, wurde sie zuerst nervös, denn nun entstanden Gesprächspausen. Sie spürte deutlich eine gewisse Verlegenheit. Doch es gelang ihr immer besser, auf ihr bisheriges Verhalten zu verzichten. Sie wurde aufmerksamer für sich. Sobald sie wieder anfangen wollte, "das Pfauenrad zu schlagen", wie sie es nannte, ließ sie ihre positive Stimme zu Wort kommen. "Es funktioniert wirklich!", bestätigte sie.

Ich lege Ihnen ans Herz, sich mit Ihren inneren Stimmen vertraut zu machen und die negativen gegen positive auszutauschen. Sie werden erleben, wie sich nach und nach der Automatismus auflöst, der Sie vielleicht gegenwärtig noch dazu zwingt, sich anders zu geben als Sie wirklich sind: Locker, liebenswert und selbstbewusst.

3. Schritt: Den inneren Zwiespalt überwinden

3. Schritt - Den Zwiespalt überwinden

Haben Sie schon einmal etwas von ganzem Herzen gewollt? Dann wissen Sie sicher, welche ungeahnten Kräfte der Wille freisetzen kann. Wir entwickeln Geduld, Ausdauer und Selbstdisziplin, wir opfern unsere Zeit und unsere Energie. Selbst wenn zwischendurch Rückschläge kommen, rappeln wir uns wieder auf, schöpfen neuen Mut und machen weiter, so lange, bis wir endlich haben, was wir uns wünschen. Als Thomas Alva Edison, der Erfinder der Glühbirne, von einem Besucher gefragt wurde: "Mr. Edison, sind Sie nicht frustriert darüber, wie viele vergebliche Versuche Sie machen mussten, um endlich ans Ziel zu gelangen?" antwortete er erstaunt: "Wieso vergebliche Versuche? Das waren lauter nützliche Methoden, mich zu lehren, wie es nicht funktioniert."

Fester Wille bringt Energie

Nicht nur Genies entwickeln diesen uneingeschränkten Willen, trotz aller Hindernisse zu bekommen, was sie sich vorstellen. Wenn ich mich in meiner Umgebung umschaue, finde ich auch dort genügend Beispiele:

Etwa Jana, die als Trainerin in einem Fitness-Studio arbeitet. Jana träumte seit längerem davon, Meeresbiologin werden, aber sie hatte nur die Mittlere Reife. Also ging sie mit sechsundzwanzig noch einmal zur Schule und machte in Abendkursen ihr Abitur nach. Sie strengte sich mächtig an, damit ihr Notendurchschnitt am Ende für das gewünschte Studienfach ausreichte. Tagsüber gab sie weiterhin Trainingsstunden, um ihren Lebensunterhalt zu verdienen. Und sie schaffte es. Inzwischen studiert sie im zweiten Semester Meeresbiologie und erzählt begeistert, in welcher Sprache sich die Delphine verständigen oder was für faszinierende kleine Lebewesen es im Wattenmeer gibt.

Oder Emily, die bei einer Größe von 1,65 m achtzig Kilo auf die Waage brachte. Natürlich hatte sie es schon mit Diäten versucht, aber nie lange durchgehalten. Als ihre achtjährige Tochter sie eines Tages verlegen bat: "Mami, komm bitte lieber nicht zum Schulfest, die anderen Kinder lachen mich sonst aus, weil du so dick bist", wusste sie, dass ernsthaft etwas passieren musste. Mit eisernem Willen und einer guten Diät schaffte sie es, zwanzig Kilo abzunehmen. Seitdem hält sie ihr Gewicht.

Ein festes Ziel vor Augen zu haben mit dem eindeutigen Wunsch, es zu erreichen, ist der beste Weg zum Erfolg. Das ist nicht nur meine persönliche Meinung. In meinem Büro stehen meterweise Sachbücher zum Thema Karriereplanung und Erfolg im Beruf. Trotz unterschiedlicher Techniken und Strategien lässt sich die Theorie sämtlicher Werke auf einen Nenner bringen: Setzen Sie sich ein Ziel und verfolgen Sie es konsequent. Zwischen dem Ziel, abzunehmen, zu studieren oder Karriere zu machen und dem Ziel, den passenden Partner zu finden, besteht in diesem Punkt kein Unterschied: Wir müssen es wirklich wollen, sonst wird nichts daraus.

Sind Sie ein "Ja-Aber"-Typ?

Klientinnen oder Klienten, die ihre Wünsche ständig mit einem Gegenargument sabotieren, werden von Psychologen salopp als "Ja, aber"-Typ bezeichnet. Sie sagen zum Beispiel: "Ich will mich gar nicht dauernd mit meinem Mann streiten, aber er benimmt sich so furchtbar, dass ich einfach ausraste." oder "Ich möchte wirklich gerne wieder arbeiten, aber mit vierzig stellt mich doch keiner mehr ein." Der Effekt ist ähnlich, als ob sie im Auto mit angezogener Handbremse Vollgas geben. Sie kommen nur sehr langsam oder gar nicht voran.

Jedes "Aber" deutet auf einen inneren Zwiespalt hin, der uns die Kraft nimmt, uns ganz unserem Ziel zu widmen. Ambivalenz, das lateinische Fremdwort für Zwiespalt, drückt noch deutlicher aus, was dabei in uns vor sich geht. Übersetzt bedeutet es so viel wie "Zwei Dinge sind gleich viel wert." Wenn wir zwiespältig oder ambivalent sind, wirken zwei gegensätzliche Kräfte gleichzeitig auf uns ein, mit dem Ergebnis, dass sich kaum etwas rührt. Im psychischen Bereich herrscht offenbar das gleiche Gesetz wie in der Physik.

Auf die Partnersuche übertragen bedeutet das: Solange Sie nicht von ganzem Herzen ja dazu sagen, einen Partner zu suchen und eine verbindliche Beziehung mit ihm einzugehen, bleibt es dem Zufall überlassen, ob es jemals klappen wird. Ihre Anstrengungen werden sich dann vielleicht in halbherzigen Versuchen erschöpfen oder vielleicht sogar vergeblich bleiben.

Eine Reise in der Zeitmaschine

Vermutlich halten Sie dieses Buch in der Hand, weil Sie sich eine Partnerschaft wünschen. Trotzdem frage ich Sie: Sind Sie sich dessen auch wirklich sicher?

Die wichtigste Voraussetzung, eine befriedigende Beziehung zu bekommen, ist, sie zielbewusst und ohne Vorbehalte zu wollen. Falls Sie sich in diesem Punkt unsicher fühlen, schlage ich Ihnen ein Experiment vor, das Ihnen möglicherweise mehr Klarheit verschafft.

- Setzen oder legen Sie sich bequem hin. Schließen Sie Ihre Augen. Lockern Sie bewusst die Stellen in Ihrem Körper, in denen Sie Spannung spüren. Atmen Sie ruhig und gleichmäßig.

- Stellen Sie sich nun vor, Sie sitzen ganz bequem in einer Zeitmaschine, mit der Sie auf Knopfdruck in die Zukunft fahren können. Sie wollen die nächsten fünf Jahre Ihres Lebens erkunden und bis dahin in jedem Jahr einen kleinen Zwischenstopp einlegen.

- Sie drücken den Startknopf und befinden sich im nächsten Jahr. Aus der sicheren Position Ihrer Zeitmaschine schauen Sie sich um. Was tun Sie nächstes Jahr? Wie leben Sie? Haben Sie einen Partner gefunden?

- Auf die gleiche Weise fahren Sie nun in die folgenden vier Jahre. Halten Sie jeweils an, und schauen Sie sich um, was Sie da erwartet. Achten Sie besonders darauf, ob Sie mit einem Mann zusammenleben und wie es Ihnen dabei geht.

- Wenn Sie im fünften Jahr angelangt sind, machen Sie die Reise in denselben Etappen wieder zurück. Sie brauchen diesmal bei den einzelnen Stationen nur kurz zu verweilen.

- Sobald Sie sich wieder in der Gegenwart befinden, öffnen Sie die Augen. Atmen Sie tief durch, reiben Sie Ihre Hände gegeneinander, und stampfen Sie mit den Füßen auf den Boden. Bitte halten Sie sich bei der Rückreise genau an die Anleitung. Die Phantasieübung kann eine leichte Trance bewirken, aus der Sie sich wieder lösen müssen.

Was haben Sie während Ihrer Zeitreise gesehen? Sahen Sie sich als Single - oder fanden Sie die Beziehung, die Sie sich wünschen? Wie haben Sie sich dabei gefühlt?

Nach meiner Erfahrung ist diese Übung mehr als nur bloße Phantasie oder das Resultat unseres Wunschdenkens. Sie zeigt unser gegenwärtiges inneres Programm. Unser Unterbewusstsein entwirft Bilder, die dazu neigen, sich im Sinne einer selbsterfüllenden Prophezeiung zu realisieren, sofern wir nichts dagegen unternehmen.

Falls Sie sich innerhalb der nächsten fünf Jahre als Single gesehen haben oder eine unglückliche, unbefriedigende Beziehung auftauchte, ist anzunehmen, dass Sie zwiespältig sind. Sie wünschen sich zwar eine Partnerschaft, glauben aber nicht wirklich daran oder haben Vorbehalte. Auf diese Weise können Sie möglicherweise die Erfüllung Ihres Wunsches blockieren oder zumindest verlangsamen.

Wenn Sie Ihre volle Energie für die Verwirklichung Ihres Wunsches gewinnen wollen, müssen Sie sich notgedrungen mit dem Inhalt Ihrer Zwiespältigkeit befassen.

Ambivalenz kann ein gutes Zeichen sein

Ambivalenz ist nicht von vornherein etwas Übles. Im Gegenteil, sie ist oft ein Zeichen von Klugheit. Schließlich besitzen wir nicht umsonst die Fähigkeit, Dinge gegeneinander abzuwägen. Unser Verstand hilft uns, das Für und Wider einer Angelegenheit zu betrachten und am Ende die passende Entscheidung zu treffen. Das gilt genauso für die Überlegung, ob wir lieber allein bleiben oder eine feste Partnerschaft eingehen möchten. Dabei geht es weder um richtig oder falsch und schon gar nicht um gut oder schlecht, sondern darum, was für uns ganz persönlich passend ist und uns am meisten befriedigt.

Die Zwiespältigkeit hinsichtlich einer Partnerschaft hat ihre guten Gründe, die nicht nur in uns selbst, sondern auch in den sozialen Gegebenheiten liegen. Wir Frauen haben unsere beruflichen Möglichkeiten entdeckt und finanzielle Unabhängigkeit gewonnen. Der Status der allein lebenden Frau ist gesellschaftlich akzeptiert. Was Wunder, dass wir uns heute gut überlegen, ob wir die damit verbundenen Vorteile gegen eine Partnerschaft eintauschen wollen, die uns garantiert Kompromisse abverlangt?

Wenn Sie sich hin- und hergerissen fühlen

Wenn wir die Argumente bereits kennen, die in uns Zwiespältigkeit auslösen, haben wir einen großen Vorteil: Wir können sie zu einer klaren Entscheidung nutzen. Es wäre unklug, sie einfach energisch vom Tisch zu wischen oder sie nach dem Motto "Wenn der Richtige kommt, spielen sie sowieso keine Rolle mehr" in einen Winkel unseres Denkens zu verbannen. Das wäre Selbstbetrug, denn dann wirken sie im Verborgenen umso intensiver weiter. Nehmen wir sie lieber ernst und beschäftigen wir uns mit ihnen. Auf diese Weise können wir herausfinden, was wir wirklich wollen und dann unsere Energie gebündelt wie einen Laserstrahl darauf richten.

Wo liegen Ihre Prioritäten?

Wie wichtig Ihnen eine Partnerschaft ist, zeigt sich darin, wie intensiv Sie danach suchen und wie viel Energie Sie investieren. Es gibt zahlreiche Motive, die Suche nach einer passenden Partnerschaft zu vertagen. Manche davon leuchten unmittelbar ein, andere dagegen haben eher eine Alibi-Funktion. Erst bei genauer Betrachtung lässt sich der Unterschied erkennen.

- Stellen Sie sich bitte die Frage: Was ist mir im Augenblick wichtiger, als eine gute Partnerschaft zu finden? Schreiben Sie auf einem Blatt Papier alles auf, was Ihnen dazu einfällt.
  Zum Beispiel:
  - meine Karriere
  - mein derzeitiges Projekt im Job
  - meine Prüfung
  - die Wohnungssuche
  - meine Psychotherapie
  - meine Reisen
  - mein Hobby

- Zeit für meine Kinder

- Schreiben Sie hinter jede Aussage, für wie lange sie gelten wird. Zeit für meine Kinder: 4 Jahre, dann sind sie aus dem Haus. Jobprojekt: 7 Monate, dann ist Abgabetermin meines Entwurfs.

- Nehmen Sie sich jede einzelne Aktivität vor, und entscheiden Sie, ob sie für Sie tatsächlich so wichtig ist. Sind Sie wirklich damit einverstanden, ihretwegen eine Partnerschaft für die entsprechende Zeit zurückzustellen?

Manche Situationen schließen zwar die Partnersuche nicht aus, sind aber tatsächlich recht ungünstig dafür. Beispielsweise ist man bei den Vorbereitungen für eine Prüfung so damit beschäftigt, sich den Lernstoff einzuprägen, dass man keine Aufmerksamkeit für einen Mann hat. Nicht nur Prüfungen, auch andere Projekte wie etwa ein Umzug können unsere gesamte Energie beanspruchen. In solchen zeitlich eng begrenzten Phasen ist es vielleicht besser, die Partnersuche auf Eis zu legen, anstatt sich innerlich zu zerreißen. Erst wenn das Vorhaben erledigt ist, sind wir wieder frei für andere Ziele.

Vereinen Sie mehrere Interessen

Vielleicht haben Sie jedoch hinter einer Aktivität eine große Zeitspanne notiert. Dann müssen Sie, falls Sie ernsthaft an einer Partnerschaft interessiert sind, nach einer praktikablen Lösung suchen, um beides so gut wie nur möglich miteinander zu verbinden:

- Nehmen Sie ein Blatt Papier und schreiben Sie groß darüber "Meine Partnersuche und ... "(hier setzen Sie Ihre wichtige Aktivität ein).

- Machen Sie ein Brainstorming, indem Sie unzensiert sämtliche Möglichkeiten aufschreiben, wie Sie beides zusammen erreichen könnten. Nutzen Sie dazu Ihre Kreativität. Jede Idee ist wertvoll. Zum Beispiel: Meine Partnersuche und meine Karriere:
  - Ich halte die Augen bei Fortbildungsveranstaltungen und Kongressen für interessante Männer offen.
  - Ich rede mit Kollegen auch über persönliche Themen, nicht nur über fachliche.
  - Ich arbeite ab sofort nicht mehr an den Wochenenden und nutze sie für private Unternehmungen.
  - Ich überdenke, warum meine Karriere so einen großen Stellenwert für mich hat.
  - Ich übe, nein zu sagen, wenn man mir Arbeit aufdrücken will, die für meine Karriere unwichtig ist. Dadurch gewinne ich Zeit.
  - Ich suche die Bekanntschaft von Frauen, die Partnerschaft und Karriere vereinbaren und schaue ihnen ab, wie sie das machen.
  - Ich suche von vornherein einen Mann, der meine Karriere unterstützt.

- Fragen Sie auch gute Freundinnen nach entsprechenden Ideen. Oft haben wir einen blinden Fleck, wo andere gute Möglichkeiten sehen.

- Gehen Sie Ihre Ideenliste durch, und kreuzen Sie an, was Sie in die Tat umsetzen möchten.

Thea, eine selbständige Geschäftsfrau, die eine Modeboutique besitzt, klagte: "Ich wünsche mir einen Partner, aber ich habe überhaupt keine Zeit, jemand kennenzulernen. Von Montag bis Samstag stehe ich im Laden, in der übrigen Zeit mache ich die Buchhaltung, Bestellungen und alles, was sonst noch an Organisation anliegt. Und wenn ich damit fertig bin, muss ich mich erholen." Wir gingen gemeinsam ihre konkreten Möglichkeiten durch, sich mehr Zeit zu verschaffen. Sie fand eine Menge kleinerer Arbeiten, die sie delegieren konnte und die sich am Ende zu einem beträchtlichen Anteil freier Zeit summierten.

Wenn Sie bei Ihrem Brainstorming feststellen, dass Ihnen überhaupt nichts einfällt oder dass Sie eher lustlos darangehen, liegt die Vermutung nahe, dass Ihnen eine Beziehung im Grunde gar nicht so wichtig ist. Vielleicht liebäugeln Sie zwar mit einer Partnerschaft, aber letztlich setzen Sie Ihre Prioritäten anders. Auch das ist ein Ergebnis, mit dem Sie etwas anfangen können.

Was möchten Sie für eine Partnerschaft nicht aufgeben?

Möglicherweise geht es bei Ihnen nicht darum, dass bestimmte Aktivitäten Ihre Suche nach einem Partner verhindern. Sie fragen sich ganz generell, ob sich für Sie eine Beziehung überhaupt lohnt. Dann kann Ihnen die folgende Überlegung helfen:

- Nehmen Sie ein DIN-A4-Blatt und ziehen Sie in der Mitte einen Strich von oben nach unten.

- Schreiben Sie auf die linke Seite als Überschrift "Partnerschaft", auf die rechte "Single".

- Listen Sie auf der linken Seite alle Vorteile auf, die eine Partnerschaft in Ihren Augen hat.
  Zum Beispiel:
  - Zärtlichkeit
  - Es ist jemand da, wenn ich nach Hause komme.
  - Ich werde im Alltag unterstützt.
  - Ich kann mich in einer fruchtbaren Auseinandersetzung weiterentwickeln.
  - Befriedigende Sexualität
  - Ich bin nicht allein, wenn ich krank bin oder es mir schlecht geht.

- Viele Dinge machen zu zweit einfach mehr Freude.
- Ein Vater für mein(e) Kind(er).
- Ich habe es in der Gesellschaft leichter.

• Schreiben Sie auf die rechte Seite sämtliche Vorteile Ihrer Single-Situation auf.
  Zum Beispiel:
  - Ich kann mir den Tag nach Belieben einteilen.
  - Ich kann meine kleinen Eigenheiten beibehalten.
  - Ich kann mein Geld ausgeben wie ich will.
  - Ich brauche mich nicht anzupassen.
  - Ich kann mit anderen Männern flirten.
  - Ich kann ausgehen so lange und mit wem ich will.
  - Mein(e) Kind(er) brauchen sich an keinen neuen Vater zu gewöhnen.
  - Ich kann mich mit ganzer Kraft meinem Beruf widmen.

• Vergleichen Sie nun:
  - Auf welcher Seite ist die Liste der Vorteile länger?
  - Auf welcher Seite stehen die Punkte, die für Sie gefühlsmäßig am wichtigsten sind?

Lassen Sie sich viel Zeit, darüber nachzudenken und nachzuspüren. Ein einziger Vorteil, der für Sie emotional sehr viel zählt, kann eine ganze Reihe von weniger gewichtigen Vorteilen auf der Gegenseite aufheben.
Etwa kann es für Sie so bedeutend sein, sich nicht anpassen zu müssen, dass daneben sämtliche Vorteile einer Partnerschaft verblassen.

Haben Sie die Pluspunkte auf beiden Seiten sorgfältig gegeneinander abgewogen haben, entscheiden Sie sich, auf welche Seite Sie setzen wollen.

Die unbewusste Zwiespältigkeit

Solange die Motive für oder wider eine Partnerschaft im Bereich unseres Bewusstseins liegen, können wir ihnen mit mehr oder minder intensiver Überlegung auf die Spur kommen. Schwieriger wird es, wenn die Ursache für die eigene Zwiespältigkeit so tief liegt, dass sie sogar uns selbst verborgen bleibt. Dann unterscheiden wir uns nämlich auf den ersten Blick nicht von den Frauen, die geradlinig und zielbewusst auf der Suche nach dem Mann fürs Leben sind. Schließlich halten auch wir die Augen dafür offen, bemühen uns intensiv, jemanden kennenzulernen und lassen uns hoffnungsvoll auf Beziehungen ein. Der einzige Hinweis auf eine mögliche verborgene Ambivalenz ist dann die Tatsache, dass wir dabei offenbar immer wieder Pech haben. In meiner Praxis hat mir oft die äußere Situation einer Klientin Hinweise auf eine mögliche unbewusste Zwiespältigkeit gegeben.

Prüfen Sie bitte, ob etwas davon auch für Sie zutrifft:

- Ich gerate immer an verheiratete Männer.
- Ich bin seit längerem mit einem verheirateten Mann zusammen.
- Ich gerate immer an Männer, die sich nicht binden wollen.
- Der Mann, den ich liebe, will sich nicht festlegen.
- Er kann sich nicht zwischen mir und einer anderen Frau entscheiden.
- Er entspricht nicht meinem Niveau oder passt nicht in das Milieu, in dem ich lebe.
- Er wohnt weit weg, in einer anderen Stadt oder in einem anderen Land.

In solchen oder ähnlichen Fällen nehmen wir die inneren Blockaden womöglich nicht bewusst wahr, leben sie aber äußerlich aus, indem wir Beziehungen ohne befriedigende Zukunftsaussichten wählen.

Natürlich kann es passieren, dass man in Hamburg wohnt und sich in einen Münchner verliebt. Falls es einem Paar jedoch miteinander ernst ist, wird es so schnell wie möglich eine Lösung finden, um zusammenzukommen, selbst wenn beide dafür Opfer bringen müssen. Möglicherweise lernen wir auch einen Mann kennen, der noch in einer längst nicht mehr glücklichen Beziehung steckt. Wenn wir eindeutig sind, werden wir diese Situation klären.

Sie merken, es kommt weniger darauf an, was uns geschieht, sondern wie wir damit umgehen. Wenn wir in einer der genannten Situationen hängenbleiben, vielleicht sogar jahrelang, steckt vermutlich verborgene Ambivalenz dahinter. Bewusst sagt man sich: "Ich will nichts lieber als eine feste Partnerschaft", aber das Unterbewusstsein sorgt dafür, dass man sich nicht festlegen muss.

Eine ambivalente Einstellung kann auch hinter den folgenden Aussagen und Erfahrungen stecken:

- Mir ist keiner gut genug.
- Nach einer gewissen Zeit gehen alle meine Beziehungen aus mir unerklärlichen Gründen in die Brüche.
- Wenn es ernst wird, werde ich eine richtige Zicke und vergraule den Mann durch mein Verhalten.
- Ich denke immer, ich finde noch einen Besseren.

Die tiefen Wurzeln der Zwiespältigkeit

In einer meiner Seminare war Theresa, eine zweiunddreißigjährige Lektorin. Mit ihrer offenen, sympathischen Art hatte sie keine Schwierigkeiten, Männer kennenzulernen. Am Anfang war Theresa verliebt und glücklich, doch nach etwa einem halbem Jahr gingen alle diese Beziehungen in die Brüche. Theresa hatte keine Ahnung, warum ausgerechnet sie immer Pech in der Liebe hatte, wo sie sich doch sehnlich einen Mann und Kinder wünschte. Erst der Zugang zu ihrer Ambivalenz brachte sie weiter: In meinen Seminaren lasse ich manchmal ein „Lebenspanorama" malen. Dazu zeichnet man Stationen seines Lebens von der Geburt bis zur Gegenwart. Über das Malen werden viele Ereignisse sichtbar, die beim bloßen Erzählen vergessen oder nicht so bewusst werden. Auf Theresas Bild war in dem Abschnitt, der ihre Erlebnisse im Alter von acht bis dreizehn Jahren darstellte, zwei Strichfiguren in einem kleinen Viereck zu sehen. Ich fragte Theresa, was das denn bedeute. "Das bin ich und meine Schwester", erklärte sie. Theresas Familie lebte damals sehr beengt. Es gab nur ein winziges Zimmer für die beiden Mädchen. Theresa hatte keine Möglichkeit, sich zurückzuziehen. "Wenn ich mal für mich sein wollte, schloss ich mich auf der Toilette ein", erinnerte sie sich. Die Schwester las heimlich ihr Tagebuch, öffnete ihre Briefe und zog ohne zu fragen Theresas Kleider an. In diesen Jahren entwickelte Theresa unbewusst eine solche Abwehr gegen Nähe, dass sie sich später lauter bindungsunfähige Männer suchte, um dieses frühe Trauma nicht wieder zu erleben. Ein Hinweis darauf, dass hier die Ursache ihrer Ambivalenz liegen könnte, war auch, dass Theresas Liebesbeziehungen immer dann problematisch wurden, wenn die bisher lose Bindung fester wurde und man überlegte, zusammenzuziehen. Theresa hatte die Geschichte mit ihrer Schwester längst als Vergangenheit abgehakt, zumal sie kaum noch Kontakt zu ihr hatte. Jetzt wurden ihr plötzlich die Zusammenhänge klar.

Hinter unbewusstem Zwiespalt verbirgt sich meist Angst

Ich habe die Erfahrung gemacht, dass hinter einer Ambivalenz in punkto Partnerschaft fast immer Angst steckt, sogar dann, wenn sie sich zunächst als Wut, Verachtung oder Gleichgültigkeit gegenüber Männern tarnt. Leider gibt es vieles, wovor wir uns zu fürchten gelernt haben.

Möglicherweise regt Sie die folgende Checkliste zum Nachdenken darüber an:

- Ich will nicht wieder so eine Horror-Beziehung erleben wie meine letzte(n).
- Ich habe früh erfahren, was Trennung (Scheidung der Eltern, Tod eines geliebten Menschen) heißt. Diesen Schmerz will ich nie wieder fühlen.
- Ich bin als Kind seelisch oder körperlich so misshandelt worden, dass ich mich nun vor jeder engen Beziehung schütze.
- Ich bin bisher immer verlassen worden. Das halte ich kein weiteres Mal aus.
- Mein Vater hat meine Mutter schlecht behandelt. So etwas soll mir nicht passieren.
- Mein Vater war zu mir so schlimm, dass ich heute noch vor allen Männern Angst habe.
- Ich bin von meinen Eltern so unterdrückt worden, dass ich nur noch meine Freiheit will.
- Ich habe noch nie eine feste Beziehung gehabt und fürchte, ich komme damit nicht zurecht.
- Ich traue meiner Wahrnehmung nicht mehr. Am Ende gerate ich wieder an den falschen Mann.
- Ich kann schlecht Grenzen ziehen und habe deshalb Angst, ausgenutzt zu werden.
- Ich darf nicht glücklicher sein als meine Mutter.

Wie Sie sehen, stammen einige dieser Ängste aus der Erlebniswelt eine Kindes und könnten sich, mit erwachsenen Augen betrachtet, als irrational entpuppen. Aber dazu müssen sie eben erst einmal bewusst werden. Beispiel: Falls Ihre Mutter nicht mit Ihrem Vater zurechtkam, ist das gewiss traurig. Es bedeutet jedoch nicht, dass alle Männer schlecht sind und Sie ihnen deshalb aus dem Weg gehen müssen.

Das Panorama Ihres Lebens

Vermuten Sie, dass eine verborgene Angst die Ursache Ihrer Zwiespältigkeit sein könnte? Dann möchte ich Ihnen vorschlagen, doch einmal wie Theresa ein Lebenspanorama zu zeichnen. Es ist etwas aufwändig, aber es lohnt sich. Sie erhalten dadurch einen Überblick über die Einflüsse und Erfahrungen, die Sie - auch in Bezug auf eine Partnerschaft - geprägt haben.

Falls Sie sich seelisch oder körperlich labil fühlen, sollten Sie diese intensive Übung allerdings nicht ohne fachliche Begleitung machen. Das gilt auch, wenn Sie wissen, dass Ihre Lebensgeschichte besonders schwere Erlebnisse oder Schicksalsschläge enthält, an die Sie sich ohne Schutz und Unterstützung nicht erinnern möchten. Dann ist es besser, sich dafür psychotherapeutische Unterstützung zu suchen. Wenn Sie sich jedoch sicher genug fühlen, wird Ihnen dieser Lebensüberblick allein oder zusammen mit einer Freundin Erkenntnisse bringen.

Bereiten Sie Ihr Lebenspanorama vor

- Legen Sie sich folgendes Material zurecht:
  - Mindestens vier große Bögen Papier.
  - Ein Kasten Wachsmalstifte oder bunte Filzstifte.
- Breiten Sie das Papier so auf dem Fußboden aus, dass Sie darauf malen können.
- Sorgen Sie dafür, dass Sie in den nächsten zwei Stunden nicht gestört werden.

Entspannen Sie sich

- Legen Sie sich hin, am besten auf eine Decke auf den Boden. Achten Sie darauf, dass Ihnen warm genug ist.
- Die günstigste Liegeposition ist auf dem Rücken, die Arme neben dem Körper. Die Beine sind parallel ausgestreckt, die Fußspitzen fallen locker auseinander. Sie können aber auch eine andere Lage einnehmen, die für Sie bequem ist.
- Schließen Sie die Augen. Konzentrieren Sie sich ein paar Atemzüge lang auf Ihren Atem, ohne ihn bewusst zu verändern. Spüren Sie, wie er sanft in Ihre Nase hinein- und wieder hinausfließt.
- Entspannen Sie sich von Kopf bis Fuß. Beginnen Sie dazu am obersten Punkt Ihrer Schädeldecke und gehen Sie von dort bis zu den Zehen sämtliche Teile Ihres Körpers durch. Lassen Sie überall locker, wo Sie Spannung spüren - so gut es eben geht.

Reisen Sie in Ihre Vergangenheit

- Für die nun folgenden Rückerinnerungen gilt allgemein:
  - Wenn es Ihnen leicht fällt, vor Ihrem inneren Auge Bilder zu sehen, dann lassen Sie den Film ablaufen.
  - Falls sich keine Bilder einstellen, denken Sie darüber nach, was zu dieser Zeit war.
  - Verweilen Sie nicht zu lange bei den einzelnen Stationen. Es genügt, wenn Sie einen kurzen Eindruck davon gewinnen.
  - Wann immer Ihnen eine Erinnerung zu unangenehm wird, gehen Sie zur nächsten über oder brechen Sie die Übung ab. Sie müssen nichts durchhalten!

- Sind Sie bereit? Dann gehen Sie in Ihrer Erinnerung einen Monat zurück: Was war heute vor einem Monat? Was haben Sie getan, gedacht, gefühlt? Mit wem waren Sie zusammen?

- Gehen Sie nun fünf weitere Monate zurück. Was war vor einem halbem Jahr?

- Was war vor einem Jahr um diese Zeit?
- Gehen Sie von jetzt an im Abstand von zwei Jahren in Ihrem Leben immer weiter zurück. Erinnern Sie sich dabei an Ihre Gefühle, was Sie zu der Zeit getan und gedacht haben und mit wem Sie zusammen waren.
- Wenn Sie im Alter von zehn Jahren angelangt sind, gehen Sie im Abstand von je einem Jahr weiter zurück.
- An Ihre Kleinkindzeit ab etwa drei Jahren werden Sie aller Wahrscheinlichkeit nach keine klaren Erinnerungen mehr haben. Sie haben aber vielleicht eine Stimmung oder die Atmosphäre aufgenommen oder Geschichten behalten, die Ihnen Verwandte über diese Zeit erzählt haben.
- Gehen Sie nun bis zu Ihrer Geburt. Auch ohne konkrete Erinnerung werden Sie von diesem großen Ereignis ein Bild haben, das durch Erzählungen in der Familie entstanden ist.
- Öffnen Sie nun Ihre Augen wieder. Richten Sie sich behutsam auf.
- Setzen Sie sich ohne Zwischenpause vor Ihr bereitgelegtes Papier. Es ist wichtig, dass Ihnen Ihre Erinnerung nicht wieder verloren geht.

Malen Sie Ihre Vergangenheit

- Für die nun beginnende Mal-Phase gilt allgemein:
  - Es kommt nicht darauf an, dass Sie besonders schön oder naturgetreu malen. Vielmehr geht es darum, dass Sie mit Ihren Mitteln das ausdrücken, woran Sie sich erinnern. Das kann mit Strichfiguren, mit bestimmten Symbolen wie Kreisen oder Kreuzen, oder ganz abstrakt mit Farben und Formen geschehen. Keine Sorge - auch wenn Sie im Zeichnen gänzlich ungeübt sind,

werden Sie die richtige Art für sich finden. Haben Sie Vertrauen in Ihre Ausdruckskraft und lassen Sie Ihre Hand einfach tun. Nach den ersten Strichen geht es meist von selbst. Sie können gar nichts falsch machen.

- Sie brauchen nicht zu allen Abschnitten von einem Jahr oder zwei Jahren etwas zu malen, zu denen Sie vorhin in Ihrer Erinnerung zurückgegangen sind. Wenn Sie wollen, können Sie Zeitspannen bildlich zusammenfassen, beispielsweise Ihre frühe Kindheit oder die Schulzeit. Allerdings dürfen Sie keine Lebensphase ganz auslassen.
- Falls Sie sich an eine bestimmte Zeit absolut nicht erinnern können, finden Sie bitte auch dafür zeichnerisch einen Ausdruck, indem Sie vielleicht einen schwarzen Fleck oder ein Fragezeichen malen.
- Es geht nicht darum, dass Sie jedes Detail Ihres Lebens im Bild festhalten. Wählen Sie aus, was für Sie wichtig ist.

• Beginnen Sie nun bei Ihrer Geburt. Suchen Sie sich zunächst die Farbe aus, die für Sie dieses Ereignis am besten repräsentiert.
Hier sind einige Beispiele als Anregung: Eine Frau malte Ihre Geburt als eine strahlende Sonne. Sie war das Wunschkind ihrer Eltern, und ihre Ankunft wurde entsprechend gefeiert. Eine andere Frau schraffierte mit schwarzem Stift dunkle Wolken. Ihre Mutter war direkt nach der Geburt in ein Lungen-Sanatorium gekommen, und der Vater hatte sie bei Verwandten untergebracht. Eine dritte Frau, ein Nachkömmling, malte sich als lachendes Baby auf einem Bett, um das die Eltern und Geschwister standen.

• Malen Sie die Stationen Ihres Lebens kontinuierlich weiter, bis Sie in der Gegenwart angekommen sind.

• Schreiben Sie unter die einzelnen Abschnitte, wie alt Sie jeweils sind. Zum Beispiel 3 - 5 Jahre, 16 - 19 Jahre.

Werten Sie Ihr Lebenspanorama aus

Schauen Sie sich nun Ihr Werk in Ruhe an. Es stellt sozusagen eine Landkarte Ihres Lebens dar und verrät einiges über die Täler und Höhen.

Die folgenden Fragen können Ihnen eine Hilfe sein, um Ihr Panorama gezielt auszuwerten. Doch auch wenn Sie keines gezeichnet haben, ist es sinnvoll, sich darüber Gedanken zu machen:

- Wie wurden Sie auf der Welt empfangen? Waren Sie erwünscht und wurden mit Liebe begrüßt?
- War es für Ihre Eltern in Ordnung, dass Sie ein Mädchen waren - oder hätten Sie, zumindest für einen Elternteil, lieber ein Junge werden sollen?
- Hatten Sie eine Behinderung oder eine Krankheit?
- Wie verliefen Ihre ersten drei Lebensjahre? Wuchsen Sie in einer Atmosphäre der Geborgenheit und Sicherheit auf?
- Wie war Ihr Eintritt in den Kindergarten? Wurden Sie akzeptiert, oder standen Sie am Rande?
- Wie waren Ihre ersten vier Schuljahre? Kamen Sie mit den Kindern in Ihrer Klasse und den Lehrern zurecht?
- Gab es für Sie einen Bruch, als Sie auf eine andere Schule wechselten?
- Wie fühlten Sie sich in der Pubertät? Waren Sie einsam? War Ihre Mutter eifersüchtig auf Sie? War Ihr Vater streng?
- Haben Vater oder Mutter Sie sehr in Anspruch genommen?
- Wie verliefen Ihre ersten Erfahrungen mit Männern? Waren Sie glücklich oder fühlten Sie sich enttäuscht und ausgenutzt?
- Hatten Sie zumindest eine gute Freundin?
- Wie war Ihr Verhältnis zu Ihren Geschwistern? Wurde Ihnen ein Geschwister vorgezogen?
- Welche Rolle spielten Sie in Ihrer Familie? Welche Aufgabe mussten Sie erfüllen? Waren Sie damit überfordert?

- Wie war die Ehe Ihrer Eltern? Glücklich, schlecht, lebten beide nur nebeneinander her?
- Haben sich Ihre Eltern scheiden lassen? War das schon sehr früh? Haben Sie damit verbundene Auseinandersetzungen intensiv miterlebt?
- Welche Katastrophen gab es in Ihrem Leben? Der Tod eines lieben Menschen, Krankheit, Unfall? Wie haben sich diese Ereignisse auf Ihr Lebensgefühl ausgewirkt?
- Welche Männer spielten in Ihrem Leben eine Rolle? Können Sie ein Muster erkennen? Sind Sie bei einem zu lange geblieben, oder haben Sie häufig gewechselt? Sind Sie gut behandelt worden? Wer hat die Beziehung beendet, Sie oder der Mann?
- Wie beurteilen Sie Ihr Leben insgesamt? Sind Sie zufrieden mit dem Verlauf, oder möchten Sie unbedingt etwas ändern?

Im Überblick sehen Sie gewiss recht anschaulich, wo in Ihrem Leben die kritischen Punkte liegen, die Sie gegen eine Partnerschaft einnehmen könnten. Alles, was Ihr Selbstwertgefühl geschmälert, Sie überlastet und Ihr Bild vom Zusammenleben zwischen Mann und Frau negativ beeinflusst hat, kann eine potentielle Ursache Ihrer gegenwärtigen Zwiespältigkeit sein.

Wenn Ihnen dabei klar wird, dass die seelischen Wunden, die Sie daran hindern, eine Partnerschaft einzugehen, zu tief sind, als dass Sie sie allein heilen könnten, sollten Sie sich psychotherapeutische Hilfe suchen. Betrachten Sie das nicht als Verzögerung auf dem Weg zu einer Beziehung, sondern als eine sinnvolle Vorarbeit für Ihr Glück.

Jessica, eine 38jährige Dolmetscherin, hatte einen sehr jähzornigen Vater. Wenn er einen seiner unkontrollierten Wutanfälle bekam, war nichts vor ihm sicher, weder seine Frau, noch seine kleine Tochter. Dann schlug er zu oder zerstörte, was ihnen besonders wertvoll war. So warf er einmal Jessicas Lieblingspuppe in den Ofen, als sie am Sonntag nicht mit auf den üblichen Familienspaziergang wollte.

Jessica war so verunsichert, dass sie keinem Mann mehr traute. Sie entschloss sich, dieses Problem anzugehen und suchte sich eine Therapeutin. Am Ende ihrer Therapie, in der sie mit viel Schmerz und Trauer die alten Geschichten noch einmal durchlebte und gleichzeitig die Möglichkeit erhielt, sie zu verarbeiten, sagte sie: "Ich bin froh, dass ich innerlich nicht mehr so zerrissen bin. Ich muss mir nicht mehr dauernd selbst ein Bein stellen, wenn ich die Chance habe, mit einem Mann glücklich zu sein." Jessica hat immer noch leichte Angstgefühle, wenn sich ein Mann für sie interessiert. Neu ist jedoch, dass sie sich davon nicht bestimmen und überwältigen lässt. Sie ergreift nicht mehr automatisch die Flucht.

So werden Sie Ihre Zwiespältigkeit los

Wie für die "Zaubersprüche" gilt auch für die Ambivalenz: Nur wenn sie unbemerkt bleibt, kann sie unser Handeln sabotieren. Ans Licht geholt verliert sie diese Macht. Dann können wir die Argumente gegen eine Partnerschaft oder bisher verborgene Ängste rational betrachten und bewerten. Inzwischen dürften Sie über eine ganze Menge Informationen hinsichtlich Ihrer Einstellung zur Partnerschaft verfügen. Sie haben Ihre Prioritäten geordnet oder sich Ihre Ängste bewusst gemacht. Jetzt ist es an der Zeit, auf dieser Basis eine Entscheidung zu treffen.

Sie entscheiden für jetzt - nicht für die Ewigkeit

Falls Sie sich dabei zunächst etwas unwohl fühlen, befinden Sie sich in bester Gesellschaft. Wir alle haben Angst, Entscheidungen zu treffen, wenn es um wichtige Dinge geht und fürchten uns davor, einen gravierenden Fehler zu machen. Das gilt ganz gewiss für das Ja zur Partnerschaft. Wenn Sie zum Beispiel Kinder haben, können Sie ihnen nicht heute einen neuen Vater zumuten und es sich morgen wieder anders überlegen. Falls Sie der Liebe wegen in eine andere Stadt ziehen müssten, hat das weit reichende Folgen. Ein Opfer ist es sicher auch, wenn Sie sich beruflich einschränken, um Zeit für eine Beziehung zu finden oder wenn Sie sich von Ihrem verheirateten Lover trennen.

Keine Frage, die Entscheidung für eine Partnerschaft will gut durchdacht sein. Trotzdem sollten Sie sich nicht durch den Gedanken unter Druck setzen, es gäbe nun nie mehr ein Zurück. Wenn Sie sich entscheiden, dann tun Sie es nach bestem Wissen für die Gegenwart, nicht für alle Ewigkeit.

Vor kurzem rief mich eine Frau an und wollte am liebsten sofort einen Termin für ein Beratungsgespräch. Ich fragte, warum es denn so eilig sei. "Ich muss mich innerhalb der nächsten Tage entscheiden", sagte sie aufgeregt. "Mein Freund wohnt in der Nähe von Stuttgart. Jetzt ist er bereit, dort alles aufzugeben und hier zu mir nach Hamburg zu ziehen. Das habe ich mir immer gewünscht - und plötzlich empfinde ich nur noch Panik." Konkrete Gründe dafür gab es offenbar nicht. Ihr Freund war ein zuverlässiger, sympathischer Mensch und sie liebte ihn. Was sie so irritierte, war das Gefühl, sich endgültig festlegen zu müssen. "Ich weiß ja gar nicht, ob ich überhaupt für eine enge Beziehung geeignet bin. Und falls nicht, dann hat er meinetwegen alle Brücken hinter sich abgebrochen. Wenn ich jetzt zusage, dann kann ich nicht mehr zurück." Sie brach in Tränen aus und war ziemlich verzweifelt. Ich versuchte, ihr klarzumachen, dass ein Ja für jetzt nicht bedeutet, dass sie für den Rest ihres Lebens die Konsequenzen dieser Entscheidung tragen müsste. Ich riet ihr, sich noch einmal ganz nüchtern die Vorteile des Zusammenlebens vor Augen zu halten und dann die Entscheidung zu wagen. Mein Hinweis, dass sie jederzeit das Recht hätte, ihren einmal gefassten Entschluss zu revidieren, schien sie zu entlasten. "Wenn sich nach einiger Zeit herausstellt, dass Sie beide nicht miteinander auskommen, obwohl Sie es ernsthaft versucht haben, muss Ihr Freund damit leben. Er ist ein erwachsener Mann, der dann schon einen Weg für sich finden wird. Schließlich sind Sie nicht in dem Maße für ihn verantwortlich wie für ein Kind." Indem der Druck von ihr wich, wurde sie ruhiger. Am Ende unseres Telefongesprächs wirkte sie sogar richtig zuversichtlich. "Ich glaube, ich probiere es", sagte sie.

Es ist wichtig, sich vor Augen zu halten, dass sich unsere Ziele im Laufe des Lebens ändern und dass wir sie nach einer bestimmten Zeitspanne wieder neu einschätzen müssen. "Alles ist im Fluss", wusste schon der griechische Philosoph Heraklit. Das Leben lässt sich nicht festschreiben, sondern ist Veränderungen unterworfen. Schauen Sie sich doch einmal in Ihrem Bekanntenkreis um. Sie werden feststellen, dass viele Frauen unterschiedliche Lebensformen kennengelernt haben: Feste Bindungen wechseln mit losen Beziehungen oder Zeiten des Alleinseins ab. Es gilt, flexibel zu bleiben und mutig das zu tun, was jetzt ansteht. In diesem Sinne meine ich, dass Sie Ihre Entscheidung *für jetzt* fällen sollen.

"Manawa" - jetzt ist der Moment der Kraft, lautet ein spirituelles Gesetz der Hunas, der Heiler von Hawaii. Hinter dieser uralten Regel steckt eine einfache Weisheit, die für uns genauso gilt: Die Vergangenheit ist vorbei, wir können sie nicht mehr ändern. Die Zukunft hat noch nicht begonnen. Nur in der Gegenwart können wir uns entscheiden und handeln.

Warten Sie nicht, bis Sie perfekt sind

Es kann sein, dass Sie entschlossen sind, eine Partnerschaft zu beginnen, aber vorher noch bestimmte Eigenschaften entwickeln oder Ängste abbauen möchten. Vielleicht wollen Sie lernen, einem Partner gegenüber Ihre Wünsche klarer zu äußern. Oder Sie möchten nicht mehr so gehemmt sein, wenn ein Mann sich für Sie interessiert. Sie wollen sich über Ihre Ansprüche an eine Beziehung richtig klar werden oder sich mit Ihrer Sexualität auseinandersetzen. Sie sagen sich: Wenn ich das geschafft habe, werde ich mich mit ganzer Kraft auf die Suche nach dem Richtigen machen.

Wir unterliegen gerne dem Trugschluss, dass wir erst perfekt sein oder unsere Angst verlieren müssen, bevor es ans Handeln gehen kann. Dabei ist es genau umgekehrt: Indem wir handeln, werden wir immer besser, immer sicherer und verlieren unsere Ängste. Learning by doing heißt das so schön. Im Beruf haben Sie es sicher selbst schon erlebt, dass Ihre Kompetenz mit der Aufgabe, die Sie zu bewältigen hatten, wuchs. Und gewiss erinnern Sie sich auch, wie viel Mut es Sie zu Anfang gekostet hat.

Julia, Psychologin, erinnert sich an das erste Seminar, das sie leitete. Es fand in einem Tagungs-Hotel im Taunus statt. Julia war für eine erkrankte Kollegin eingesprungen und sollte mit der Belegschaft einer Klinik, Ärzten und Schwestern, ein Kommunikationstraining durchführen. Vor Beginn der Veranstaltung machte sie noch eine kleine Spaziergang durch den Wald. Plötzlich überfiel sie die Panik. Auf was hatte sie sich da eingelassen? Sie hatte noch nie mit so einer großen Gruppe gearbeitet. Wenn das Seminar nun daneben ging? Für einen kurzen Moment erwog sie, sich einfach ins Auto zu setzen und davonzufahren. Dann atmete sie tief durch und ging mit weichen Knien in die Höhle des Löwen. Um es kurz zu machen: Es wurde kein Fiasko. Alles lief gut, und sie entdeckte dabei sogar, dass ihr diese Form, Wissen zu vermitteln, besonderen Spaß macht. Nur dadurch, dass sie sich der unbekannten Situation und ihrer Angst stellte, konnte sie erleben, dass sie der Aufgabe gewachsen war.

Was uns im Berufsleben einleuchtet, trifft genauso für die Partnerschaft zu. Auch hier gilt "Learning by doing". Wenn Sie etwa Probleme damit haben, sich einem Mann gegenüber durchzusetzen, können Sie das nicht im Trockenkurs üben. Sie müssen in einer konkreten Situation den Mund aufmachen und sagen, was Sie wollen. Das gilt ebenso für alles andere, was Ihnen Ihrer Meinung nach zu einer befriedigenden Beziehung noch fehlt. Eine Partnerschaft ist auch dazu da, dass Sie sich entwickeln und etwas ausprobieren. Lassen Sie sich also nicht von Ihrem hohen Anspruch an sich selbst davon abhalten.

Die "Als-ob"- Methode

In der Psychologie ist bekannt, dass sich nicht nur unser Denken auf unser Verhalten auswirkt, sondern dass es auch umgekehrt der Fall ist: Unser Verhalten wirkt auf unsere Einstellung zurück. Auf dieser Grundlage wurde die Technik des "Als-ob"-Handelns entwickelt: Wenn wir eine bestimmte Eigenschaft entwickeln wollen, zum Beispiel mutiger, vitaler, gelassener oder sicherer sein möchten, tun wir einfach so, als ob wir diese Qualität bereits in vollem Umfang besäßen. Obwohl wir im Grunde ängstlich sind, handeln wir, als ob wir mutig wären. Und siehe da, wir erzielen nicht nur das Ergebnis eines mutigen Verhaltens, sondern werden - in der Rückkoppelung - tatsächlich mutiger.

Viola, eine 38jährige Optikerin, hat diese Methode ausprobiert. Sie ärgerte sich darüber, dass sie immer im Schatten ihrer Freundin Sophie stand. Wenn die beiden ausgingen und dabei auch Männer kennenlernten, war Viola meist nur Publikum für Sophies Auftritt. Die selbstbewusste Sophie flirtete auf Teufel komm 'raus und zog die Männer mit interessanten Geschichten in ihren Bann. Währenddessen wurde Viola immer stiller. Kein Wunder, dass die Männer sie übersahen. Viola litt darunter, zumal sie von ihrem Naturell her gar nicht so ruhig und zurückhaltend war. Sie wusste nur nicht, wie sie aus diesem Teufelskreis herauskommen sollte. Nun hätte Viola erst einmal ein ausführliches Selbstbehauptungstraining machen oder nach möglichen Ursachen in ihrer Kindheit forschen können. Stattdessen schlug ich ihr im Coaching vor, einen schnelleren Weg auszuprobieren. Wenn sie das nächste Mal mit Sophie in eine Bar oder auf eine Party ging, sollte sie so tun, als ob sie ebenso selbstsicher wäre wie ihre Freundin. Dazu gehörte zum Beispiel, dass sie Fragen stellte, etwas von sich erzählte, und einem Mann deutlich zu verstehen gab, dass sie ihn sympathisch fand. Sie brauchte nicht selbstsicher zu sein, sondern wie eine gute Schauspielerin nur so zu tun. Das gab Viola den entscheidenden Kick für ihr Verhalten. Indem sie selbstbewusst spielte, wurde sie tatsächlich selbstbewusster.

Die "Als-ob"- Technik ist auch ein gutes Mittel, eine unerwünschte Zwiespältigkeit zu vertreiben. Nachdem Sie Für und Wider gründlich erwogen und sich für eine Partnerschaft entschieden haben, sind auftauchende Zweifel lediglich Reste der ehemaligen Unentschlossenheit, eine Art Störsender in Ihrem Hauptprogramm. Sie zu ignorieren ist in diesem Stadium kein Selbstbetrug, sondern ein Selbstschutz.

Verhalten Sie sich deshalb ruhig so, als wären Sie ganz eindeutig entschlossen, die große Liebe zu finden. Geben Sie hundert Prozent, engagieren Sie sich total. Das Ergebnis wird das gleiche sein, als ob Sie ohne jeden Zweifel handelten.

Setzen Sie sich nicht mehr unter Stress

Vermutlich klingt das Folgende für Sie paradox: Ich ermutige Sie, sich zielstrebig für eine Partnerschaft zu engagieren und gebe Ihnen nun den Rat, das nicht zu intensiv zu betreiben. Trotzdem halte ich beides für richtig.

Nur wenn Sie sich voll auf Ihr Ziel konzentrieren, erhalten Sie ein optimales Ergebnis. Wenn Sie dabei jedoch zu verbissen vorgehen, schmälern Sie Ihre Erfolgsaussichten.

In psychologischen Experimenten haben Wissenschaftler/innen festgestellt, dass nicht diejenigen Versuchspersonen die besten Leistungen zeigten, die besonders ehrgeizig waren, sondern die mit der so genannten "mittleren Motivation." Während sich die Verbissenen derartig unter Druck setzten, dass sie sich damit selbst blockierten, standen den Gelassenen ihre Fähigkeiten voll zur Verfügung.

Claudia ist ein Beispiel dafür, was passieren kann, wenn wir uns allzu sehr auf ein Ergebnis fixieren. Claudia ist fest entschlossen, endlich den passenden Mann zu finden. Kürzlich war ihre Freundin zu einem Empfang eingeladen und durfte noch jemanden mitbringen. Sie schlug Claudia vor, mitzukommen. Deren erste Frage war: "Sind da nur Paare?" Die Freundin wusste das nicht genau, nahm aber an, dass wohl überwiegend Paare auf dem Fest sein würden. "Nein danke", lehnte Claudia entschieden ab. "Dann verplempere ich bloß meine Zeit." Verständlich, aber leider etwas kurzsichtig. Man kann nie wissen, auf welche Weise einem der Traummann über den Weg laufen wird. Vielleicht hätte Claudia auf dem Event die Bekanntschaft einer sympathischen Frau gemacht, deren Bruder genau zu Claudia gepasst hätte.
Wenn wir innerlich auf unser Ziel gepolt sind, bedeutet das nicht, dass wir ab sofort alles nur noch durch die Brille "Springt eine Beziehung für mich dabei heraus?" betrachten soll. Die Haltung, um die es geht, ähnelt eher der Kunst des Bogenschießens, wie sie der Philosophieprofessor und Zen-Meister Eugen Herrigel beschreibt: Nachdem der Bogenschütze sich auf sein Ziel konzentriert hat, muss er sich davon freimachen, das Ergebnis kontrollieren zu wollen. Erst indem er innerlich loslässt, gelingt ihm der vollendete Schuss ins Schwarze.

Haben Sie Geduld

So wenig wir vorhersagen können, wie uns der richtige Mann begegnen wird, so wenig wissen wir, wann das sein wird. Oft wird unsere Geduld auf eine harte Probe gestellt. Wir engagieren uns, geben uns jede Mühe, doch der erwartete Erfolg bleibt aus. Langsam beginnen wir an unserer Entscheidung oder an uns selbst zu zweifeln. In dieser Phase hat die Ambivalenz wieder Hochkonjunktur. Unsere negative innere Stimme flüstert uns ein: „Vergiss es, es lohnt sich nicht." - "Einen Mann, wie du ihn dir vorstellst, gibt es gar nicht." - "Irgendwas machst du bestimmt falsch."

Gerade dann ist es wichtig, sich nicht wieder in die Zwiespältigkeit fallen zu lassen, sondern beharrlich zu bleiben. Glauben Sie weiterhin fest daran, dass Sie über kurz oder lang bekommen, was Sie sich wünschen.

Susan Page schreibt es neben ihrem intensiven Engagement vor allem dieser inneren Gewissheit zu, dass sie heute glücklich verheiratet ist. Sie berichtet aus ihrer Erfahrung als Single: "Ich glaubte fest, dass ich mich nur weiterhin umschauen und aushalten müsste, bis ich hatte, was ich wollte. Ganz gewiss gab es auch entmutigende und deprimierende Momente, aber dennoch bezweifelte ich niemals ernsthaft, dass ich mein Ziel erreichen würde." Verlieren Sie Ihr Ziel nicht aus den Augen, auch wenn der Weg dahin gelegentlich mühsam erscheint. Die Hauptsache ist, dass Sie genau wissen, was Sie wollen.

Um das zu überprüfen, können Sie jetzt zur Halbzeit des „Passt genau"- Coaching gleich mal einen Test machen.

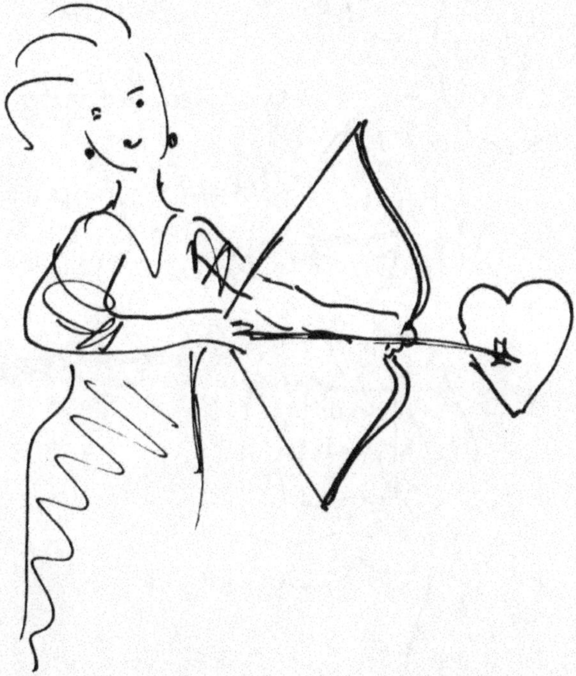

Test: Sind Sie wirklich bereit für eine Partnerschaft?

Test : Sind Sie wirklich bereit für eine Partnerschaft?

„Dumme Frage", sagen Sie vielleicht, „Klar will ich wieder einen Partner, sonst hätte ich ja wohl kaum dieses Buch in der Hand." Scheinbar ein eindeutiges Statement. Doch nicht immer ist es so, wie es scheint. Oft haben wir unbewusste Vorbehalte, die eine erfolgreiche Partnersuche sabotieren. Mit diesem Test können Sie prüfen, wie Sie innerlich zu einer neuen Liebe stehen.

So wird der Test gemacht

Kreuzen Sie immer die Antwort an, die am meisten für Sie zutrifft.

Testfragen

Frage 1

Ihre Freundin erzählt Ihnen freudestrahlend, dass sie einen tollen Mann kennen gelernt hat und auf Wolke sieben schwebt. Sie …

- raten ihr: „Geh das mal lieber langsam an!" (D)
- gönnen es ihr von Herzen. (B)
- freuen sich mit ihr, aber einen kleinen Stich gibt es Ihnen schon. (A)
- hadern heimlich: Warum sie und nicht ich? (C)

Frage 2

In "Sex and the City" nimmt sich die attraktive Samantha die Männer, wie sie Lust hat. Was sagen Sie dazu?

- Sex ohne Liebe? Das wäre nichts für mich. (A)
- Sie ist eben eine emanzipierte Frau. (D)
- Man kann schließlich nicht immer auf die große Liebe warten. (C)
- Ich finde das abstoßend. (B)

Frage 3

Was macht der Nachwuchs?

- Ich habe keine Kinder. (C)
- Bei mir wohnt mindestens ein Kind. (B)
- Meine Kinder sind schon aus dem Haus und führen ihr eigenes Leben. (D)
- Ich passe regelmäßig auf mein(e) Enkelkind(er) auf. (A)

Frage 4

Beim Mädelsabend unterhalten sich vier Single-Frauen. Welcher stimmen Sie am ehesten zu?

- „Manchmal wünsche ich mir schon eine starke Schulter, an die ich mich anlehnen kann.“ (D)
- „Mich von einem Mann abhängig machen? Nein danke, ich komme auch allein gut zurecht.“ (B)
- „Vielleicht wäre ja eine Beziehung auf Distanz das Wahre.“ (A)
- „Nein, keine halben Sachen. Wenn, dann auch richtig.“ (C)

Frage 5

Sie probieren Bikinis an. Beim Blick in den Spiegel denken Sie:.

- Ich mag mich gar nicht anschauen. (B)
- Ich kann mich sehen lassen. (C)
- Ich muss unbedingt etwas für meine Figur tun. (D)
- Das Licht hier ist wirklich ungünstig. (A)

Frage 6

Die Lieblingsserie im TV, viel Zeit im Bad, lange Telefonate mit der Freundin, abends im Bett lesen - Wie steht es bei Ihnen mit Gewohnheiten?

- Ich habe ein paar Gewohnheiten, die ich aber leicht aufgeben könnte. (D)
- Ich habe ein, zwei Gewohnheiten, auf die ich keinesfalls verzichten möchte. (A)
- Ich habe jede Menge liebe Gewohnheiten. (B)

- Ich bin eher spontan und habe kaum feste Gewohnheiten. (C)

Frage 7

Es gibt nicht nur Pro, sondern auch Contra. Bitte notieren Sie hier per Stichwort die Gründe, die derzeit *gegen* eine neue Beziehung sprechen:

____

____

____

Wie viele sind es?

Mehr als 3 (B) 3 (A) 2 (D) 0 - 1 (C)

Frage 8

Sie sitzen solo im Speisewagen vom ICE. Ein sympathischer Mann am Nachbartisch schaut immer wieder zu Ihnen herüber. Sie …

- vertiefen sich verlegen in die Speisekarte. (A)
- lächeln ihn freundlich an. (C)
- finden das unangenehm. (B)
- vermuten: Der sucht Unterhaltung für die langweilige Zugfahrt. (D)

Frage 9

Bei Freunden babysitten, übers Wochenende die Katze füttern, Ihr Abendkleid verleihen – eigentlich möchten Sie das nicht. Wie gut können Sie Nein sagen?

- Ich sage meist klar, dass ich etwas nicht möchte. (C)
- Ich sage zwar auch mal Nein, habe dann aber Schuldgefühle. (A)
- Ich winde mich meist mit eine Notlüge heraus. (D)
- Ich lasse mich oft überreden. (B)

Frage 10

Leider klingelt Mr. Right nicht an der Tür. Was haben Sie in letzter Zeit getan, um ihn zu finden?

- Das überlasse ich dem Zufall. (B)
- Ich setze auf das volle Such-Programm: Internet, Blind Dates, Single-Events, was es eben so gibt. (C)
- Ich nutze eine Online-Partnerschaftsbörse oder Zeitungsannoncen. (D)
- Ich habe meine Freunde für die Suche aktiviert. (A)

Frage 11

Im Film „Was das Herz begehrt" spielt Diane Keaton eine Schriftstellerin, die sich Jahre nach ihrer Scheidung wieder verliebt. Bevor sie mit dem Mann ins Bett geht, ist sie so nervös und aufgeregt wie beim ersten Mal. Wie finden Sie das?

- Zunächst ist es sicher ein bisschen ungewohnt, aber Sex ist wie Radfahren – man verlernt nichts. (D)
- Wie entspannt man ist, hängt schließlich auch vom Partner ab. (A)
- Verständlich. Mir würde es ähnlich gehen. (B)
- Übertrieben. Wenn man Lust hat, geht es ganz leicht. (C)

Frage 12

Auf der Hochzeit einer Cousine haben Sie einen attraktiven Mann kennengelernt, mit ihm geflirtet, getanzt, geschmust. Schließlich haben Sie Handynummern ausgetauscht. Nun warten Sie schon seit drei Tagen auf seinen Anruf. Sie denken:

- Wahrscheinlich traut er sich bloß nicht. Meine Cousine kann ja mal diskret nachhören. (A)
- Schade, aber er hat wohl kein Interesse. (C)
- Er hat bestimmt meine Nummer verloren. Am besten rufe ich ihn an. (B)
- Ich warte noch drei Tage, dann hake ich ihn ab. (D)

Testauswertung

Geben Sie sich für jedes

A = 2 Punkte
B = 1 Punkt
C = 4 Punkte
D = 3 Punkte

Zählen Sie Ihre Punkte zusammen. Die Auflösung steht unter dem entsprechenden Punktwert.

Testauflösung

12 –20 Punkte : Lieber noch nicht

Auch wenn Sie sich bewusst eine Partnerschaft wünschen, innerlich sagen Sie dazu eher Nein. Die Frage ist allerdings, ob Sie damit richtig liegen oder sich nur selbst sabotieren. Deshalb lohnt es sich, die möglichen Ursachen genauer unter die Lupe zu nehmen:

Vielleicht passt ein Partner gerade nicht in Ihre aktuelle Lebenssituation, weil Ihre Energie anderweitig gebunden ist. Das ist etwa der Fall, wenn Sie beruflich sehr engagiert sind oder sich um ein Familienmitglied kümmern müssen. Dann ist es durchaus sinnvoll, die intensive Suche eine Weile zu vertagen. Sobald sich die äußere Lage ändert, sind Sie auch wieder offen.

Wahrscheinlicher ist jedoch, dass Ihre heimlichen Vorbehalte negativen Erfahrungen geschuldet sind. Dann besteht die Gefahr, dass Sie verallgemeinern und allen Männern gegenüber misstrauisch sind. Statt sich in ein emotionales Schneckenhaus zurückzuziehen, ist es konstruktiver, sich zu fragen: Was habe ich dazu beigetragen? Und: Was würde ich heute anders machen? Dazu gehört ganz sicher, dass Sie einem potenziellen Partner selbstbewusst begegnen und deutlich sagen, was Sie wollen.

21 – 29 Punkte : Halbherzig

Sie kennen sehr wohl Momente, in denen Sie gerne einen Mann an Ihrer Seite hätten. Zum Beispiel, wenn Sie wieder ein Problem alleine lösen müssen oder ein schönes Erlebnis teilen möchten. Sehnsucht kommt auch an unerwarteter Stelle auf, plötzlich bei einem Liebesfilm oder wenn Ihnen beim Spaziergang ein glückliches Paar begegnet. Doch das reicht offenbar nicht, um Sie in puncto Partnersuche so richtig in Schwung zu bringen. Sie warten lieber ab, was das Schicksal Ihnen zugedacht hat. Ihre Zurückhaltung scheint mit Ihrem Selbstvertrauen zusammenzuhängen. Haben Sie vielleicht die Vorstellung, Sie dürften nicht zu fordernd auftreten? Oder emotionale Intelligenz bedeute vor allem, sich anzupassen? Machen Sie sich bitte klar: Es ist völlig in Ordnung, dass Sie Ihre Wünsche in die Realität umsetzen. Seien Sie mutig, nutzen Sie sämtliche Möglichkeiten der Partnersuche. Sie können nur gewinnen, wenn Sie auch etwas wagen.

30 – 38 Punkte : Bedingt bereit

Ganz klar, Sie möchten gerne einen Partner. Jemanden, mit dem Sie sich austauschen können, der Sie anregt und mit dem Sie Ihre sinnliche Seite ausleben können. Mit dem Sie gemeinsam verreisen oder schöne Abende verbringen. Ihre Erfahrung hat Sie auch gelehrt, dass jede Beziehung Kompromisse verlangt. Wenn Sie sich schon auf einen Partner einlassen und Ihre Freiheit aufgeben, dann muss bei ihm aber unbedingt stimmen, was Ihnen besonders wichtig ist. Worum es sich dabei handelt, wissen Sie selbst am besten. Vielleicht Großzügigkeit, Toleranz, kulturelles Interesse oder Familiensinn. Eine Beziehung um jeden Preis haben Sie jedenfalls nicht nötig. Sie führen auch ohne Mann an Ihrer Seite ein gutes Leben. Also können Sie in Ruhe schauen. Allerdings sollten Sie bei der Wahl eines potenziellen Partners nicht überkritisch sein. Am besten handeln Sie nach der Faustregel: Wenn die Grundlage stimmt, kriegt der Mann eine Chance.

39 – 48 Punkte : Offen für neue Liebe

Gewiss haben Sie ein tragfähiges Netz von sozialen Kontakten, aber das reicht Ihnen nicht. Auch die beste Freundin kann Ihnen schließlich keinen liebevollen Partner ersetzen. Der da ist, wenn Sie abends nach Hause kommen, dem Sie vertrauen, mit dem Sie sexuell harmonieren. Und ganz praktisch gesehen: Sie sind es herzlich Leid, immer alles selbst zu machen. Entscheidungen zu treffen, tapfer mit einer Grippe fertig zu werden oder auch ganz simpel die neue Deckenleuchte anzubringen. Auf Zwei verteilt würde manches viel einfacher gehen. Kurz und gut, Sie sind bereit für eine Beziehung.

Damit steht ein passender Partner leider noch nicht automatisch vor der Tür, Sie müssen sich auf die Suche begeben. Möglicherweise haben Sie das sogar längst getan, bisher allerdings ohne Erfolg. In dem Fall sollten Sie trotzdem nicht resignieren. Die beste Strategie ist eine Mischung aus Zielstrebigkeit und Gelassenheit. Nehmen Sie weiterhin alle Gelegenheiten wahr, aber bleiben Sie locker. Wer wie Sie so genau weiß, was er will, wird schon dem Richtigen begegnen.

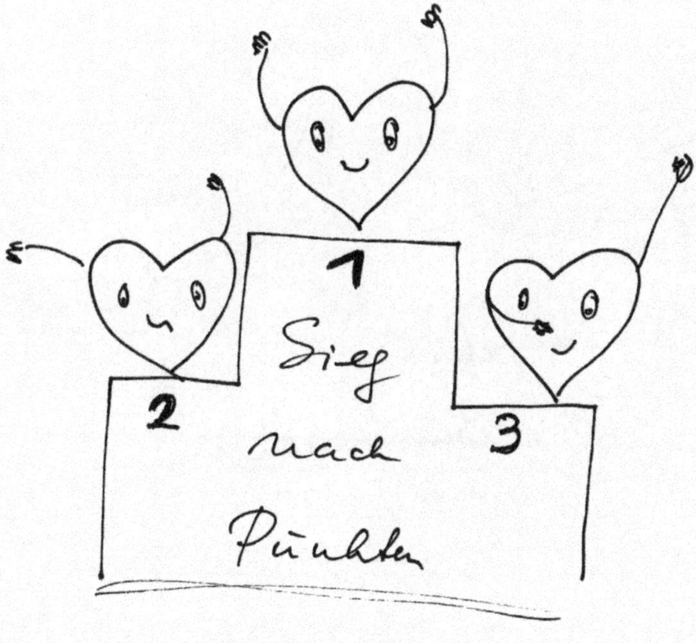

4. Schritt:
Das Leben bereichern.

4. Schritt - Das Leben bereichern

Sie fragen sich vermutlich, was das denn ausgerechnet mit der Suche nach einem passenden Partner zu tun hat. Eine ganze Menge: Zunächst einmal haben wir generell eine positivere Ausstrahlung, wenn es uns gut geht, als wenn wir deprimiert oder gestresst erscheinen. Wir sind dann offener und selbstsicherer. Gewiss haben Sie schon erlebt, dass Ihnen wildfremde Menschen plötzlich freundlich begegnen, wenn Sie gute Laune haben. Ist man dagegen unglücklich oder unzufrieden, schreckt man andere eher ab. Logisch, dass unsere Einstellung zum Leben auch für die Suche nach einem Partner eine große Rolle spielt. Wir werden für Männer wesentlich attraktiver, wenn wir ausgeglichen und glücklich sind. Marianne Williamson beschreibt diesen Effekt treffend und humorvoll: "Kein Mann wird am nächsten Tag seinem Freund begeistert erzählen: ‚Du, gestern habe ich eine fabelhafte deprimierte Frau kennen gelernt'."

Ein erfülltes Leben hat noch eine weitere Wirkung: Sobald wir uns auch allein wohl fühlen, erhält ein Partner eine völlig andere Funktion. Wir erwarten dann nicht von ihm, dass er uns den Sinn unseres Daseins vermittelt oder dafür sorgt, dass es uns gut geht. Vielmehr ist er eine willkommene Ergänzung unseres ohnehin reichen Lebens. Aus einer Position der Stärke heraus können wir gelassen nach einem Partner Ausschau halten und signalisieren nicht unterschwellig, dass wir ihn unbedingt zum Glück benötigen. In dieser Hinsicht ist es mit der Suche nach dem richtigen Mann ähnlich wie bei der Suche nach dem richtigen Job: Stellen Sie sich vor, Sie haben eine gute Position in einer Firma. Sie verdienen genug, die Arbeit macht Ihnen Spaß. Trotzdem haben Sie nach einiger Zeit den Wunsch, sich zu verändern. Mit diesem Hintergrund gehen Sie in ein Vorstellungsgespräch. Wahrscheinlich treten Sie dort recht locker auf, schließlich haben Sie ja nichts zu verlieren. Sie stellen sich von Ihrer besten Seite dar, schauen genau, ob Sie sich mit dem angebotenen Arbeitsplatz wirklich verbessern und nennen Ihre Forderungen. Am Ende können Sie sich in Ruhe entscheiden. Unterstellen wir nun, Sie sind unzufrieden mit Ihrer Arbeit und wollen unbedingt weg von Ihrem alten Tätigkeitsfeld. Entsprechend verkrampft werden Sie bei einem potentiellen Chef oder einer Chefin auftreten. Ihre Worte und Ihre Körpersprache vermitteln Ihrem Gegenüber möglicherweise unbewusst, wie dringend Sie wechseln möchten. Dadurch haben Sie von vornherein schlechte Karten. Man drückt Ihre Gehaltsansprüche oder lehnt Sie sogar ab. Der amerikanische Unternehmer Stewart Wilde erklärt das so: "Die Unsicherheit strahlt aus, und die anderen reagieren negativ. Es erinnert sie an ihre eigene Verwundbarkeit."

Wenn wir aus einem Gefühl der Fülle und nicht aus einem Mangel heraus handeln, sind wir erfolgreicher. Auch auf diesem Gebiet gilt die biblische Weisheit: "Wer da hat, dem wird gegeben." Aus diesem Grund ist dieser Schritt für die Suche nach einem passenden Partner besonders wichtig.

Wie verteilen Sie Ihre Energie?

Zu einem erfüllten Leben gehören mehrere Bereiche, die nach psychologischer Erfahrung zum Glück beitragen.

Sie lassen sich übersichtlich in Form einer "Energie-Torte" darstellen.

Wichtige „Tortenstücke“ sind für die meisten Menschen:
Arbeit - Hobby - Freunde - Familie - . Entspannung - Zeit für mich

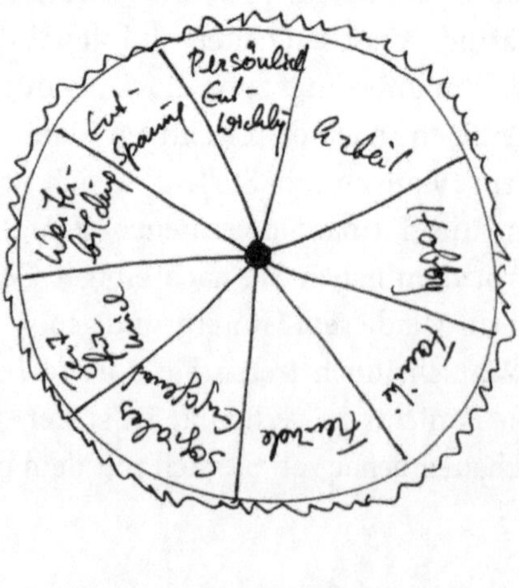

- Soziales Engagement - Persönliche Entwicklung - Weiterbildung.

Wenn wir jedem dieser Bereiche genügend Aufmerksamkeit schenken, ist unser Leben sinnvoll ausgefüllt und im Gleichgewicht. Falls Sie in dieser Hinsicht unsicher sind, machen Sie doch einmal die Probe aufs Exempel. Finden Sie heraus, nach welchem Muster Sie Ihre Energie verteilen:

- Zeichnen Sie auf ein Blatt Papier einen großen Kreis.
- Nehmen Sie die "Energietorte" als Anregung. Tragen Sie in Ihren Kreis alle Bereiche ein, die in Ihrem Leben eine Rolle spielen. Den Bereich "Partnerschaft" können Sie für sich gegebenenfalls in "Partnersuche" umformulieren. Machen Sie Ihre "Tortenstücke" so groß, wie es dem entsprechenden Zeiteinsatz innerhalb einer Woche entspricht.

Das kann beispielsweise so aussehen:

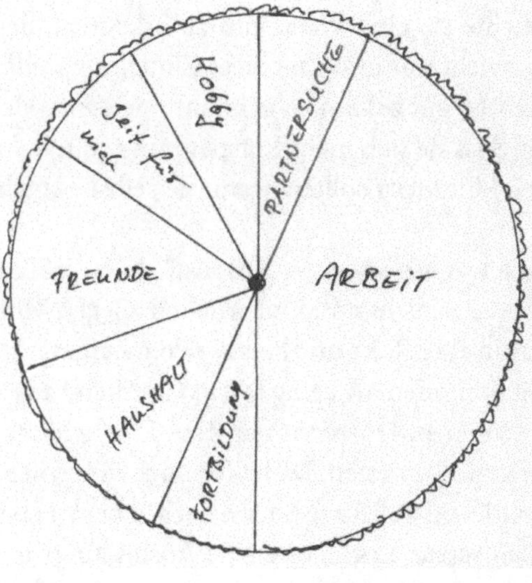

Sollten Sie nicht alle Bereiche eingetragen haben, die es gibt, dann geht es Ihnen wie den meisten von uns. Wir lassen unsere Energie vor allem in drei oder vier Lebensbereiche fließen und vernachlässigen den Rest. Meist geraten die einzelnen Stücke auch unterschiedlich groß. Für manche Bereiche wenden wir viel Zeit und Kraft auf, die natürlich für andere fehlen. Schließlich ist unsere Leistungsfähigkeit begrenzt und jeder von uns muss mit vierundzwanzig Stunden pro Tag auskommen. Dass wir Prioritäten setzen, ist völlig in Ordnung. Kritisch wird es erst, wenn ein Stück übermäßig viel Platz einnimmt.

So hat es Simone, Physiotherapeutin in einer Gemeinschaftspraxis, erlebt. Lange Zeit bestand ihre "Energietorte" nur aus wenigen Stücken, und nahezu Dreiviertel entfielen auf die Arbeit. Sie übernahm oft die schweren Fälle von ihren Kolleginnen und füllte ihren Terminkalender bis zum Anschlag. Hatte sie dann endlich Feierabend, fühlte sie sich erschöpft und ausgelaugt. Ihre Freunde gaben bald auf, sie zu fragen, ob sie etwas mit ihnen unternehmen wollte. Sie wussten schon, dass Simone sowieso mit der Entschuldigung ablehnen würde, sie sei zu müde. Weil Arbeit in ihrer Familie einen hohen Stellenwert hatte, brauchte sie eine Weile, um zu erkennen, dass ihr Leben im Ungleichgewicht war und dass diese Einteilung weder ihr selbst noch ihren Patienten gut bekam. Wie konnte sie denen denn glaubwürdig vermitteln, dass sie sich mehr Entspannung gönnen und sich um ihre Gesundheit kümmern sollten, wenn sie selbst es nicht tat?

Für Rebecca war ein anderes "Tortenstück" zu groß. Dank einer Erbschaft hatte sie es nicht nötig, zu arbeiten. Gegen Mittag stand sie auf, frühstückte in aller Ruhe und las ausgiebig Zeitung. Dann verabredete sie sich mit Freunden und ging fast jeden Abend aus. Ein traumhaftes Leben, so schien es. Trotzdem war Rebecca unglücklich darüber, dass ihre Tage sinnlos verliefen. Da halfen auch die esoterischen Seminare wenig, für die sie auf ihrer Suche nach einem Lebenssinn viel Zeit und Geld einsetzte. Erst als sie eine Ausbildung zur Goldschmiedin anfing, fühlte sie sich wirklich zufrieden.

Falls es uns besonders schwerfällt, den gewohnten Lebensstil aufzugeben, liegt das oft daran, dass wir ihn von unseren Eltern übernommen und die damals erlernten Werte verinnerlicht haben. Nun ist es womöglich an der Zeit, dieses Erbe zu hinterfragen und mit viel Geduld daran zu arbeiten, es durch anderes zu ersetzen. Ihre "Energietorte" zeigt auf einen Blick, wo das nötig ist. Schauen Sie, ob sich zu wenige Stücke darin befinden oder ob es welche gibt, die extrem dünn oder dick geraten sind.

Vielleicht genügt Ihnen dieser Überblick aber noch nicht und Sie möchten präziser wissen, wo Sie etwas verbessern können. Mit der folgenden Checkliste zu den wichtigsten Lebensbereichen erfahren Sie es detailliert und erhalten gleichzeitig in der Auswertung Hinweise, wo Sie für eine Veränderung ansetzen sollten.

Großer Check der Lebensbereiche

- Arbeit
- Interessen
- Freunde
- Familie
- Zeit für mich
- Entspannung
- Persönliche Entwicklung
- Soziales Engagement

Kreuzen Sie bitte jede Aussage an, die überwiegend für Sie zutrifft. Für die Auswertung zählen Sie in jedem Bereich gesondert zusammen, wie viele Kreuze Sie gemacht haben. Geben Sie sich für jedes einen Punkt.

Die Auflösung finden Sie dann immer unter Ihrer Punktzahl.

Arbeit - Macht Sie Ihnen noch Spaß?

O Wenn ich nichts zu tun habe, werde ich ganz nervös.

O Ich muss mich meist selbst um alles kümmern.

O Wenn mir jemand Arbeit anträgt, kann ich schlecht nein sagen.

O Meine Arbeit verbraucht den größten Teil meiner Energie.

O Ohne Arbeit wäre mein Leben ziemlich leer.

O Ich bin selten mit meiner Leistung zufrieden.

O Arbeit ist für mich ein notwendiges Übel.

O Ich finde meine Tätigkeit wenig sinnvoll.

O Meine Kollegen, Vorgesetzten oder Kunden machen mir das Leben schwer.

O Bei meiner Arbeit fehlt mir etwas ganz Entscheidendes wie Freiheit, Selbständigkeit, Anerkennung oder Abwechslung.

O Ich fühle mich unterfordert.

O Ich fühle mich überfordert

0- 1 Punkte: Sie gehören zu den Glücklichen,
die mit Ihrer Tätigkeit völlig zufrieden sind, wahrscheinlich haben Sie sogar Ihre Berufung gefunden.

2- 3 Punkte: Denken Sie gezielt über Veränderungen nach.
Ihre Kreuze zeigen Ihnen, wo Sie gezielt etwas verändern können. Setzen Sie genau dort an, wo der Schuh drückt. Übernehmen Sie Verantwortung, versuchen Sie, Ihre Möglichkeiten zu verbessern. Wenn es sich um grundsätzliche Probleme wie Perfektionismus oder Workaholic-Symptome handelt, dann ist für Sie fachliche Unterstützung wichtig.

4 – 6 Punkte: Ihre innere Einstellung spielt eine große Rolle.
Sie sind mit Ihrer Tätigkeit ziemlich unzufrieden. Dabei mögen ungünstige Umstände eine Rolle spielen, aber die werden noch durch Ihre persönliche Einstellung verstärkt. Prüfen Sie selbst, woran es liegt: Lassen Sie sich zuviel gefallen? Funktionieren Sie zu gut? Verschaffen Sie sich über solche Fragen Klarheit, bevor Sie daran denken, den Job zu wechseln.

7 – 12 Punkte: Es gibt viel zu tun - packen Sie es an!
Sie sind offenbar unglücklich mit Ihrer Tätigkeit. Natürlich kann man nicht von heute auf morgen seine Arbeit aufgeben. Aber es ist in jedem Fall den Versuch wert, sich im Rahmen des Möglichen intensiv für eine Veränderung einzusetzen. Machen Sie außerdem einmal folgendes Experiment: Engagieren Sie einen Tag lang mit Begeisterung 100prozentig für Ihre Arbeit. Gut möglich, dass sich auf diese Weise Ihr Frust in ein größeres Interesse verwandelt.

Interessen - Wie verbringen Sie Ihre Freizeit?

O Es gibt viele Dinge, die ich gerne täte - aber ich komme einfach nicht dazu.

O Ich finde, mit einem Hobby verschwendet man bloß seine Zeit.

O Eigentlich weiß ich gar nicht so recht, was mir Spaß machen könnte.

O Für das, was mich interessiert, bin ich nicht geeignet, etwa zu jung, zu alt, zu unbegabt.

O Was mich als Freizeitbeschäftigung interessiert, ist viel zu teuer.

O Meine Freunde oder andere für mich wichtige Menschen lehnen mein Hobby ab.

O In meiner freien Zeit sehe ich meist fern oder sitze am Computer.

O Es gibt nichts, für das ich mich in der Freizeit wirklich begeistere.

O Ich bin froh, wenn ich in meiner Freizeit einfach relaxen kann.

0 Punkte: Weiterhin viel Spaß in Ihrer Freizeit!

1 – 2 Punkte: Geben Sie sich innerlich einen Ruck.
Lust hätten Sie schon, in Ihrer Freizeit einmal etwas anderes zu unternehmen als das Übliche, aber dagegen steht angeblich die Zeit, das Geld, was auch immer. Ein echtes Hindernis ist das im Grunde nicht. Seien Sie nicht so zögerlich, fangen Sie einfach mit dem an, was Sie schon immer einmal ausprobieren wollten - ob nun Fallschirmspringen oder Tango.

3 – 5 Punkte: Was haben Sie eigentlich gegen interessante Freizeit?
Es klingt sehr nach einer Ausrede, wenn Ihnen überhaupt nichts zusagt oder Sie angeblich nie Zeit finden. Vermutlich sind Sie nur zu bequem. Aber wer sagt denn, dass Sie auch in der Freizeit Spitzenleistungen bringen müssen? Ihnen würde es in jedem Fall gut tun, mal so richtig verspielt und kreativ zu sein.

6 – 9 Punkte: Sie brauchen dringend einen Ausgleich.
Und wenn Sie noch so logisch argumentieren, warum Sie Ihre Freizeit eher passiv verbringen: Es muss tiefer liegende Ursachen haben. Fühlen Sie sich überfordert? Übernehmen Sie zu viel Verantwortung? Machen Sie sich bitte klar: Arbeit ist nur ein Teil des Lebens.

Freunde – Was sind sie Ihnen wert?

O Meine besten Freunde wohnen ziemlich weit weg.

O Für meine Freunde habe ich leider viel zu wenig Zeit.

O Meine Freunde passen nicht mehr richtig zu mir.

O So eine/n richtig gute/n Freundin/Freund habe ich nicht.

O Ich fühle mich oft einsam.

O Ich habe niemanden, der mal etwas mit mir unternimmt.

O Anderen Menschen gegenüber bin ich ziemlich misstrauisch.

O Ich hätte gerne einen größeren Bekanntenkreis.

O Ich habe den Kontakt zu meinem Freundeskreis abgebrochen.

O Meine privaten Kontakte sind ziemlich oberflächlich.

O Manchmal habe ich den Eindruck, dass mich meine Freunde nur ausnutzen.

0 Punkte: Gratuliere,
in puncto Freundeskreis ist bei Ihnen keine Veränderung nötig.

1 – 3 Punkte: Achtung, Freundschaft leicht gefährdet.
Ihnen ist völlig klar, dass man Freunde fürs Leben braucht, doch Sie tun nicht immer genug dafür. Bedenken Sie bitte, dass Beziehungen gepflegt sein wollen, mit einem Telefonanruf, einer Email oder einem Besuch. Falls es Ihnen an Freunden mangelt, hilft nur eins: Trauen Sie sich mehr als bisher, von sich aus Kontakt zu schließen. Erfahrungsgemäß erwartet jeder vom anderen, dass der den ersten Schritt tut. Warum also nicht Sie?

4 – 7 Punkte: Sie sind im Umbruch.
Möglicherweise haben bei Ihnen in letzter Zeit innerlich oder äußerlich gravierende Veränderungen stattgefunden: Eine persönliche Entwicklung, ein Berufswechsel oder Umzug. Das wirkt sich als Unzufriedenheit mit den bestehenden Beziehungen oder gar als Einsamkeit aus. Eventuell sind diese Gefühle aber auch ein deutliches Zeichen dafür, dass Sie negative Einstellungen wie Misstrauen aufgeben sollten.

8 – 11 Punkte: Freunde dringend gesucht.
Was ist los? Vielleicht haben Sie sich abgekapselt, weil Sie häufig enttäuscht worden sind. Es kann auch sein, dass Ihnen einfach das Know-how oder die Beharrlichkeit fehlt, Kontakte zu knüpfen. Das lässt sich ändern. Der feste Wille, Freunde zu gewinnen, bewirkt mehr, als Sie vielleicht glauben. Isolieren Sie sich nicht. Halten Sie die Augen offen und vertiefen Sie die Beziehung zu Menschen, die Ihnen sympathisch sind.

Familie - Wächst Sie Ihnen über den Kopf?

Mit "Familie" sind hier Eltern, Geschwister und die übrige Verwandtschaft gemeint, ebenso die eigenen Kinder.

O Ich habe viel zu selten Zeit, etwas mit der Familie zu unternehmen.

O Die Probleme mit der Familie bekomme ich einfach nicht in den Griff.

O Ich finde, dass meine Familie meinen Einsatz nicht genug schätzt.

O Meine Familie nutzt mich aus.

O Ich könnte sie alle in die Wüste schicken.

O Ich habe das Gefühl, dass zuviel Verantwortung auf mir lastet.

O Familientreffen wie Mahlzeiten, Wochenenden, Feste verlaufen meist ziemlich frustrierend.

O Die meiste Hausarbeit bleibt an mir hängen.

O In unserer Familie geht jeder seiner Wege.

O Die Beziehung zu meinen Eltern ist ziemlich schlecht.

0 Punkte: Um Ihr Familienleben sind Sie zu beneiden!
Oder haben Sie keine Familie, die Sie nerven oder glücklich machen könnte?

1 – 3 Punkte: Ein bisschen frischer Wind kann nicht schaden.
Der gelegentliche Frust lässt sich aushalten. Warum aber sollten Sie das? In Ihrem Fall müssen Sie nicht einmal besonders viel verändern:

Machen Sie endlich einmal den Mund auf und sagen klipp und klar, was Ihnen nicht passt. Vermutlich wird die liebe Familie zuerst aus allen Wolken fallen. Dann wird sie aber endlich mal hinhören, weil Sie jetzt deutlich sagen, was Ihnen gegen den Strich geht, anstatt immer nur zu jammern. Falls Sie allerdings dauerhaft etwas verändern wollen, müssen Sie über längere Zeit konsequent bleiben.

4 – 7 Punkte: Lassen Sie los.
Ihr Unzufriedenheitspegel liegt bereits über dem Durchschnitt - ob knapp oder reichlich, müssen Sie entscheiden. Aber Zeit, etwas zu verändern, ist allemal. Fangen Sie zuerst bei Ihrer Einstellung an, denn auf die Familienmitglieder haben Sie viel weniger Einfluss als auf sich selbst. Überlegen Sie, womit Sie sich selbst so unter Druck setzen. Vielleicht wollen Sie möglichst alles unter Kontrolle haben? Oder Sie fühlen sich verpflichtet? Lassen Sie mehr los.

8 – 10 Punkte: Ihre Familie schafft Sie!
Bei Ihnen besteht die Gefahr, dass Sie sich für die Familie aufopfern. Veränderung ist dringend angesagt. Es sieht ganz so aus, als ob Sie ständig Energie in Ihre Familie hineinpumpen und dafür nur geringe Unterstützung zurückbekommen. Sie tun Ihren Lieben keineswegs etwas Gutes, wenn Sie Ihnen alles abnehmen. Lernen Sie, zu delegieren - und denken Sie auch mal an sich selbst.

Zeit für sich - Haben Sie genug davon?

O In den vergangenen zehn Tagen hatte ich genügend Zeit für kreative Tätigkeiten.

O Ich gönne mir häufig, meinen Gedanken nachzuhängen.

O Wenn ich Zeit für mich haben möchte, halten sich die anderen in der Regel daran.

O Ich kann gut alleine sein.

O Ich habe jeden Tag mindestens eine Stunde nur für mich.

O In der Wohnung habe ich meinen eigenen Raum oder eine abgeschirmte Ecke.

O In meinem Termin-Kalender gibt es täglich auch eine gute Strecke unverplante Zeit.

O In den vergangenen vier Wochen hatte ich genügend Zeit für mich.

O Ich nehme mir regelmäßig Zeit, das zu tun, wozu ich Lust habe, etwa Musik hören, lesen, shoppen.

O Ich gebe mich oft Tagträumen hin.

0 – 3 Punkte: So geht es nicht weiter!
Falls Sie tatsächlich so wenig Zeit für sich haben, kommen Ihre persönlichen Bedürfnisse im Alltag zu kurz. Jeder Mensch braucht die Möglichkeit, sich zurückzuziehen und sich nur mit dem zu beschäftigen, was ihm Freude macht. Wenn Ihnen das schwer fällt, überlegen Sie doch bitte einmal, wie es in Ihrer Kindheit war. Mussten Sie meist für andere da sein? Heute jedenfalls sind Sie erwachsen und bestimmen selbst, was für Sie gut ist. Mehr Zeit für sich zählt ganz sicher dazu.

4 – 6 Punkte: Vorsicht, Zeiträuber!
Es sieht ganz so aus, als wären bei Ihnen Zeiträuber am Werk. Aber in Wahrheit liegt es an Ihnen, dass Sie so wenig Muße haben. Prüfen Sie bitte Ihre Motive: Müssen Sie sich und anderen beweisen, dass Sie unentbehrlich sind? Wollen Sie alles perfekt machen, so dass es zu viel Zeit kostet? Oder laufen Sie vor der Selbstbesinnung davon? Kommen Sie sich auf die Spur, dann wird sich einiges ändern.

7 – 8 Punkte: Sie sollten sich Zeit gönnen.
Sie sorgen schon dafür, dass Sie Zeit für sich finden, aber Sie stehen nicht so ganz dahinter. Wenn Sie sehen, was währenddessen liegen bleibt, plagt Sie das schlechte Gewissen. Seien Sie standhaft, lassen Sie das Referat oder die Bügelwäsche ruhen. Müßiggang ist genauso wichtig wie jede Tätigkeit. Er dient dazu, Kraft und Lebensfreude zu tanken.

9 – 10 Punkte: Nur weiter so!
Sie nehmen sich genügend Zeit für alle schönen Dinge des Lebens.

Entspannung - Fühlen Sie sich wohl in Ihrer Haut?

O Ich kann schwer abschalten.

O Mir fehlt eine gute Technik, um mich zu entspannen, wie etwa Autogenes Training, Meditation, Yoga.

O Während meiner Arbeit mache ich selten Pause.

O Am Wochenende arbeite ich auf, was während der Woche liegen geblieben ist.

O Häufig fühle ich Verspannungen im Nacken oder Rücken.

O Ich schlafe schwer ein.

O Ich bin anfällig für Infektionen

O Ich rauche, trinke oder esse zu viel.

O Ich fühle mich oft erschöpft.

O Ich habe Schuldgefühle, wenn ich nichts Nützliches tue.

O Ich habe häufig Kopf-, Magen- oder Herzschmerzen.

O Oft arbeite ich über meinen "toten Punkt" hinweg.

O Wenn ich müde bin, versuche ich meist, mich mit Kaffee, Tee oder einer Zigarette wieder fit zu machen.

0 Punkte: Entspannung pur!
Für Sie ist es kein Problem zu relaxen.

1 – 3 Punkte: Machen Sie mal Pause!
Sie können gut abschalten. Nur unter Zeitdruck lassen Sie sich manchmal aus der Bahn werfen. Wahrscheinlich glauben Sie dann, Sie könnten sich keine Unterbrechung leisten und müssten unbedingt durchhalten. Genau das ist falsch. Untersuchungen haben ergeben: Wer regelmäßig eine kleine Pause macht, erhöht sein tägliches Leistungspotential.

4 – 6 Punkte: Mehr Ausgewogenheit ist nötig.
Fahren Sie Ihren Stresspegel gezielt herunter. Es besteht kein Grund, sich für die Arbeit und /oder die Familie aufzureiben. Sie ahnen sicher schon, dass Ihnen das sowieso keiner dankt. Treten Sie auf die Bremse, und gönnen Sie sich mehr Entspannung. Simpel, aber konkret: Schlafen Sie genug und ernähren Sie sich gesund.

7 – 8 Punkte: Vorsicht, Sie stehen auf der Kippe.
Was Sie sich an Entspannung gönnen, reicht nicht aus, um Sie wirklich fit zu halten. Für Sie ist vor allem Kontinuität wichtig. Auf der einen Seite voll durchzupowern und auf der anderen das Wochenende erschöpft zu verschlafen, bringt weniger als regelmäßiges Entspannen. Hören Sie auf Ihren Körper, er signalisiert Ihnen, wann eine Pause nötig ist.

9 – 13 Punkte: SOS für Ihre Gesundheit
Sie betreiben Raubbau an Ihren Kräften. Wenn Sie so weitermachen, ist ein Burnout vorprogrammiert. Falls Sie aus der Tretmühle nicht allein herauskommen, sollten Sie sich fachliche Hilfe suchen. Echten Workaholics hilft nur eine Psychotherapie. Für leichtere Fälle lohnt sich ein Coaching oder das Erlernen einer bewährten Entspannungsmethode.

Persönliche Entwicklung - Treten Sie auf der Stelle?

O Ich finde, dass ich mit jedem Lebensjahr besser (selbstsicherer, interessanter, weiser) werde.

O Ich stelle mich immer wieder neuen Herausforderungen.

O In den letzten sechs Monaten habe ich etwas für meine Fortbildung getan, habe etwa an einem Kurs oder Seminar teilgenommen, Fachbücher gelesen, Vorträge gehört.

O Ich bin sicher, dass ich noch viel im Leben erreichen werde.

O Im Prinzip kann ich meine Probleme gut selbst lösen oder mir geeignete Hilfe holen.

O In den letzten zwei Jahren habe ich mindestens ein neues Hobby oder Interesse entdeckt.

O Ich übernehme für mein Leben die volle Verantwortung.

O Meine guten Vorsätze halte ich - zumindest nach einigen Anläufen - auch ein.

O Ich achte auf meine Gesundheit, ernähre mich gut und bewege mich ausreichend.

O Wenn ich mich im Spiegel betrachte, mag ich mich.

O Aus meinen Fehlern habe ich bisher immer gelernt.

0 – 2 Punkte: Achtung, Sie stagnieren.
Sie rühren sich zurzeit innerlich kaum von der Stelle. Woran liegt das? Trauen Sie sich zu wenig zu? Denken Sie, der Aufwand lohnt nicht? Beides ist falsch! Die beste Investition ist immer noch die in sich selbst. Das gilt sowohl für die praktische Fortbildung als auch für die seelische Weiterentwicklung. Tun Sie so bald wie möglich den ersten Schritt, nach dem Motto: Wer nicht versucht, besser zu werden, hört auf, gut zu sein.

3– 5 Punkte: Keine Angst vor Selbstentfaltung!
Hand aufs Herz, ganz zufrieden sind Sie mit sich nicht. Zu Recht, denn Sie könnten mehr für Ihre persönliche Entwicklung tun. Falls dahinter Bequemlichkeit oder Angst steckt, geben Sie sich einen Ruck. Keiner schreibt Ihnen vor, wie und wohin Sie sich entwickeln sollen, Hauptsache, es geht vorwärts. Suchen Sie sich aus, was Sie anzieht. Die Angebote reichen von Aktivurlaub bis Zen Meditation.

6 – 8 Punkte: Es darf ein bisschen mehr sein.
Was Ihre persönliche Entwicklung betrifft haben Sie schon eine Menge geschafft. Nun geht es an die Feinarbeit. Überlegen Sie, was Sie an sich gerne noch verbessern möchten und nehmen Sie das als nächstes in Angriff. Eine alte Weisheit lautet: "Leben ist Lernen". Genau das ist ja auch der Spaß daran.

9 – 11 Punkte: Es macht Freude, einer so aufgeschlossenen Persönlichkeit wie Ihnen zu begegnen.

Soziales Engagement - Unterstützen Sie Ihre Mitmenschen?

O Ich setze mich persönlich für einen oder mehrere Menschen ein, zum Beispiel für Asylbewerber, Obdachlose oder unterprivilegierte Kinder.

O Ich gehöre einer Gemeinschaft an, der das Wohl anderer Menschen und unserer Erde wichtig ist (Kirche, Partei, Betriebsrat, Amnesty International, Tierschutzverein, Greenpeace).

O Ich bin meist gut über Politik und Weltgeschehen informiert.

O Ich setze ein gewisses Maß an Zeit und Energie freiwillig für meine Mitmenschen ein.

O Ich spende regelmäßig Geld für einen guten Zweck.

O Ich finde, dass die Menschen für einander verantwortlich sind.

O Ich übe eine ehrenamtliche Tätigkeit aus.

O Ich unterstütze häufig Menschen in meiner unmittelbaren Umgebung (Nachbarn, Kollegen oder Bekannte).

O Ich kümmere mich in meinem Bereich um Umweltschutz.

O Man fragt mich privat oft um Rat.

O Ich habe einen Beruf, in dem ich (auch) sozial tätig bin.

0 Punkte: Vertragen Sie ein ehrliches Wort?
Sie sind ziemlich egozentrisch. Damit schaden Sie vor allem sich selbst. Weil Sie sich des Glücksgefühls berauben, anderen etwas

geben zu können. Sobald Sie sich mehr engagieren, werden Sie erleben, wie befriedigend das ist.

1 - 3 Punkte: Bleiben Sie sensibel für Ihre Umgebung.
Schauen Sie noch einmal nach, wo genau Sie Ihr(e) Kreuzchen gemacht haben: Bei einer Frage zur Gesinnung oder bei einer zur praktischen Tat? Der gute Wille ist zwar eine wichtige Voraussetzung, aber genauso wichtig ist es, zu handeln. Werden Sie aufmerksam für das, was Sie in Ihrer Umgebung einbringen können.

4 - 7 Punkte: Sie haben ein gutes Maß gefunden.
Ihnen ist klar, wie erfüllend es ist, nicht nur um sich selbst zu kreisen. Sie haben ein offenes Auge und Ohr für die Nöte in Ihrer Umgebung. Wahrscheinlich speist sich Ihre Energie aus einem Ideal. Ob das für Sie in einer Religion oder in der humanen Verantwortung besteht, spielt keine Rolle. Auf das Ergebnis kommt es an - und das kann sich bei Ihnen sehen lassen.

8 - 11 Punkte: Alle Achtung - aber kommen Sie dabei nicht selbst zu kurz.
Sie gehen offenbar in den Fußstapfen von Mutter Teresa. Solange Sie damit glücklich sind, gibt es keinen Grund, etwas zu verändern. Aber erlauben Sie einen leisen Zweifel: Es kann sein, dass Sie gelernt haben, zuerst an alle anderen zu denken und erst zum Schluss an sich selbst. So hart fordert es aber noch nicht einmal das christliche Gebot. Immerhin heißt es: "Liebe deinen Nächsten wie dich selbst." Achten Sie darauf, dass Sie Ihren Einsatz nicht übertreiben.

Erstellen Sie Ihr persönliches Energie-Programm

Angeregt durch die Ergebnisse der Checklisten wissen Sie jetzt recht genau, auf welchem Gebiet Sie aktiver werden müssen, um Ihr Leben zu bereichern. Nun geht es darum, auf dieser Basis Ihr persönliches

Programm zu erstellen:

- Nehmen Sie sich als erstes den Bereich vor, der Ihrer Meinung nach am dringendsten verändert werden muss.

- Schließen Sie die Augen, und vergegenwärtigen Sie sich, was Sie sich in diesem Bereich wünschen. Was möchten Sie erleben? Was genau möchten Sie tun? Was würden Sie dabei empfinden? Lassen Sie einen Film vor Ihren inneren Augen ablaufen, der die Erfüllung Ihrer Wünsche zeigt. Im Bereich "Freundschaft" können Sie sich zum Beispiel mit vielen Freunden um einen Esstisch sitzen sehen. Alle lachen, plaudern und genießen das Zusammensein. Sie fühlen sich wohl und gelöst.

- Nehmen Sie ein Blatt Papier und notieren Sie in Stichworten, was Sie sich ausgemalt haben. Berücksichtigen Sie dabei sämtliche Details.

- Listen Sie nun auf, was konkret getan werden muss, um Ihr inneres Bild zu verwirklichen. Zum Beispiel für das Essen mit Freunden: Ein gutes Rezept heraussuchen, einkaufen, die Freunde rechtzeitig einladen.

- Setzen Sie sich einen festen Termin, wann Sie Ihr Vorhaben in die Tat umsetzen wollen. Tragen Sie ihn in Ihren Kalender ein, und nehmen Sie ihn genauso wichtig wie Ihre beruflichen Pflichten.

- Arbeiten Sie auf diese Weise alle Bereiche durch, die Sie bisher stiefmütterlich behandelt haben. Planen Sie für jeden einen kleinen, konkreten Schritt. Es hat wenig Sinn, sich gleich mit Riesenprojekten zu überfordern.

Auch hier gilt: Bedenken Sie, dass Veränderungen zur Gewohnheit werden müssen, wenn sie von Dauer sein sollen. Rechnen Sie damit, dass Sie immer wieder in die alte Trägheit zurückfallen. Ärgern Sie sich dann nicht darüber, sondern richten Sie Ihre Aufmerksamkeit erneut auf Ihr Ziel.

Zur Erinnerung kopieren Sie am besten die komplette "Energietorte" und hängen sie an die Wand. Nehmen Sie sich in regelmäßigen Abständen die "Stücke" vor, die Sie nicht vernachlässigen wollen. Ein doppelter Effekt wird Sie für Ihre Beharrlichkeit bei diesem Schritt belohnen: Sie sind für einen potentiellen Partner attraktiv, vor allem aber gewinnen Sie unabhängig davon mehr Freude durch ein erfülltes Leben.

5. Schritt: Gelegenheiten schaffen.

5. Schritt - Gelegenheiten schaffen

Eine große Tageszeitung druckte kürzlich auf ihrer Ratgeberseite die Anfrage einer Leserin mit der fetten Überschrift "Sag mir, wo die Männer sind." Sie wollte wissen, wo sie einen Partner findet, „der nach seinem Job nicht halb bewusstlos in den Sessel sackt, sondern zu einer optimistischen und aktiven Frau mit vielen Interessen passt". Darauf folgte die Antwort eines Psychologen, in der es unter anderem hieß: "Die Wahrscheinlichkeit, dass sich Ihre Hoffnungen erfüllen werden, ist gering. Der Markt, auf den Sie sich begeben ist zwar nicht gänzlich leergefegt, aber doch verhältnismäßig dünn besetzt. Stellen Sie sich darauf ein, allein zu bleiben und dennoch ein erfülltes Leben zu führen."

Als ich die Antwort meines Kollegen las, wurde ich richtig wütend. Wieder einmal wird die Statistik herangezogen, die für den Einzelfall wenig besagt. Aussagen wie „leergefegter Markt" haben meist nur die verheerende Wirkung, einen vom Ziel abzubringen. Als ich zum Beispiel mit dem Psychologiestudium beginnen wollte, sah es zahlenmäßig für meine Zunft sehr schlecht aus. Allein in Hamburg gab es Hunderte von arbeitslosen Psychologinnen und Psychologen. Hätte ich mich davon leiten lassen, hätte ich vernünftiger Weise auf meinen Traumberuf verzichtet. Tatsächlich aber hatte ich später eher das Problem, Klienten abweisen zu müssen.

Verstehen Sie mich bitte nicht falsch. Ich will damit nicht sagen: Wer es nicht schafft, ist es selbst schuld. Ich wehre mich nur energisch dagegen, dass wir resignieren sollen, noch bevor wir alles probiert haben. Zahlen können nichts über Ihren Erfolg bei der Partnersuche aussagen, denn sie erfassen weder Ihre Energie, Ihren Willen, Ihre Kontaktfreude noch Ihre Beharrlichkeit. Außerdem suchen Sie schließlich nicht Hunderte von Männern, sondern nur einen, den richtigen. Lassen Sie sich also nicht entmutigen, selbst dann nicht, wenn Sie tatsächlich nicht mehr so vielen freien Männern begegnen wie während Ihrer Schulzeit. Es stimmt, dass in jungen Jahren die Auswahl größer ist und dass es uns leichter fällt, zu wechseln, auszuprobieren und neu zu suchen, aber das heißt nicht, dass es in späteren Jahren unmöglich ist. Falls Sie ernsthaft eine Beziehung wollen und dafür alles tun, werden Sie über kurz oder lang den passenden Partner finden. Der amerikanische Psychotherapeut John Selby und seine Kollegen forschten jahrelang, welche Eigenschaften die Suche erfolgreich machen. Dabei fanden sie heraus, dass vor allem ein Faktor entscheidend war: Diejenigen, die schließlich in der Liebe zum Ziel kamen, unternahmen dazu konkrete Schritte. Offenbar gilt die Redensart "Von nichts kommt nichts" auch auf diesem Gebiet. Wir müssen Zeit und Energie investieren, um einen passenden Partner zu finden. Leider hindern wir uns selbst oft genug daran, indem wir uns mit pessimistischen Gedanken, Ausreden und Vorurteilen den Schwung rauben, bevor wir überhaupt angefangen haben.

Augen auf im Alltag

Sie haben keine Lust, sich bei einer Partnerbörse im Internet anzumelden oder eine Annonce aufzugeben, sondern wollen lieber den „natürlichen" Weg gehen? Auch gut. Es gibt auf diese Weise genügend Gelegenheiten, Männer kennenzulernen, wenn man wirklich dazu bereit ist. Jede von uns bewegt sich täglich in Bereichen, in denen Singles zu finden sind, zum Beispiel beim Sport, in Fortbildungskursen, auf Reisen, in der Kantine, beim Einkaufen oder im Kino. Unsere tägliche Umgebung ist unser hauptsächliches Aktionsfeld, und es ist garantiert fruchtbarer als die besonderen Gelegenheiten, auf denen wir hoffen, den Mann fürs Leben zu treffen.

Nach meiner kleinen privaten Statistik haben Frauen aus meinem Umkreis im Alter zwischen dreißig und fünfzig im letzten Vierteljahr in folgenden Situationen attraktive Männer kennengelernt, die an einer festen Beziehung interessiert waren: In der Sauna, auf einer

Hochzeit, im Spanischkurs und beim Fahrradhändler. Und die folgende Kennenlern-Variante ist zwar selten, zeigt aber, dass auch kleine Wunder im Alltag jederzeit möglich sind:
Corinna hatte sich vor vier Jahren von ihrem Freund getrennt. Inzwischen war sie ihr Single-Dasein gründlich satt und machte daraus auch keinen Hehl. Freunde von ihr waren mit einem Journalisten bekannt, der für eine Zeitschrift arbeitet. Die Redaktion dieses Blattes beschloss, einen großen Report über Singles zu bringen. Natürlich benötigte man dazu auch interessante Interviews von alleinlebenden Frauen und Männern. Der Journalist übernahm die Recherche und hörte sich in seinem Bekanntenkreis nach auskunftsfreudigen Singles um. Corinnas Freunde gaben ihm ihre Telefonnummer. Sie war spontan bereit, etwas von ihrem Leben zu erzählen und verabredete sich mit dem Journalisten in einer Szenekneipe. Ein paar Tage später traf ich sie. Sie strahlte: "Ich habe mich verliebt". Zwischen ihr und dem Journalisten hatte es schon bei diesem ersten Treffen gefunkt. Leider konnte die Zeitschrift Corinnas Interview nicht verwenden, weil sie seitdem kein Single mehr ist. Vor kurzem haben die beiden geheiratet. Ganz nebenbei: Was wäre gewesen, wenn sie sich geniert hätte, über ihr Alleinsein zu sprechen? Ihre Aufgeschlossenheit hat ihr Glück gebracht.

Wenn ich Sie dazu ermuntere, im Alltag die Augen aufzumachen, heißt das nicht, dass es mühelos ist, im eigenen Umfeld jemanden kennenzulernen. Das ist leider nur im Film oder in Liebesromanen so. Während Sie im Supermarkt sinnend auf das Etikett einer Weinflasche schauen, tritt vermutlich kein gutaussehender, charmanter Mann neben Sie und sagt: "Ich empfehle Ihnen den Merlot. Und was halten Sie davon, wenn wir heute Abend ein Glas zusammen trinken?" Das bleiben Tagträume, die in der Wirklichkeit wie Seifenblasen zerplatzen. Wir müssen uns selbst intensiv darum bemühen, Kontakt zu bekommen, und zwar ganz beharrlich auch dann, wenn wir über längere Zeit keinen Erfolg damit haben. Zugegeben, es ist kein besonders gutes Gefühl, abzublitzen, einen erstaunten Blick zu erhalten oder festzustellen, dass man gerade mit einem verheirateten Mann geflirtet hat. Aber dass es manchmal unangenehm und stressig sein kann, auf freier Wildbahn einen Partner zu suchen, ist kein Grund, es zu lassen.

Dabei gilt: Je größer das Umfeld ist, in dem Sie einem potentiellen Partner begegnen können, desto mehr wächst auch Ihre Chance dazu.

Sicher, manche von uns haben auf den ersten Blick mehr Möglichkeiten als andere. Eine Architektin in einem Ingenieurbüro ist in ihrem Job zweifellos von einer größeren Anzahl Männer umgeben als die Leiterin einer Kita, doch für die Partnerwahl besagt das wenig. Gehen Sie einfach von Ihren normalen Lebensgewohnheiten aus, und durchforsten Sie sorgfältig Ihren Alltag. Wo haben Sie Gelegenheiten, Männer zu treffen? Stellen Sie das auf einer Liste zusammen, damit Sie einen Überblick gewinnen. Zum Beispiel in der U-Bahn, beim Einkaufen, beim Hundausführen, auf der Afterwork-Party, im Museum, im Schwimmbad, in der Bibliothek, im Fitnesscenter.

Machen Sie sich bitte klar, dass dies alles gute Gelegenheiten sind, jemanden kennenzulernen. Fangen Sie am besten heute schon an, sich bewusst umzuschauen, sobald Sie aus dem Haus gehen. Achten Sie auf die Menschen um Sie herum. Wenn Sie zumindest einen Mann genauer ansehen, der Ihnen optisch gefällt, sind Sie auf dem richtigen Weg. Normalerweise hasten wir nämlich ziemlich blicklos durch die Gegend und sind mit unseren Gedanken beschäftigt.

Den Aktionsradius erweitern

Unsere alltäglichen Aktivitäten sind meist recht eingeschliffen. Deshalb kann für die Partnersuche frischer Wind nicht schaden. Unternehmen Sie etwas, das Sie gerne tun und bei dem Sie gleichzeitig auch Männer treffen könnten. Worauf haben Sie Lust? Zum Beispiel: Computer-Kurs. Stand auf dem Flohmarkt. Gasthörerin an der Uni. Kurs für Wirtschafts-Englisch. Wochenendtrip. Ich weiß wohl, sich zusätzlich einen Bereich zu erschließen ist gar nicht so einfach. Zunächst einmal steht unsere natürliche Trägheit dagegen. Wir haben mit den täglichen Belastungen schon genug zu tun und wenig Neigung, uns noch mehr aufzubürden. Weit häufiger steckt aber eine Angst vor dem Neuen dahinter und hindert uns, unsere Domäne zu erweitern. Die New Yorker Psychologin Susan Jeffers, Spezialistin für Ängste, schlägt deshalb vor, jeden Tag bewusst ein Risiko einzugehen, um den eigenen Freiraum zu vergrößern. Damit meint sie nicht, dass wir im Dunkeln allein durch den Park spazieren sollen, sondern dass wir täglich etwas Positives unternehmen, bei dem wir eine innere Hürde überwinden müssen. Sicher kennen Sie das mulmige Gefühl in der Magengrube, wenn Sie etwas tun, wobei Sie sich nicht ganz sicher fühlen. Vielleicht erleben Sie es, wenn Sie im Restaurant einen Tisch in der Mitte ansteuern und einige Gäste Sie neugierig anstarren. Oder wenn Sie gerne mit einer sympathischen Frau Freundschaft schließen möchten, aber nicht wissen, ob die das möglicherweise als aufdringlich empfindet. Sie dann trotzdem zum Kaffee einzuladen ist genau die Art Risiko, die hier gemeint ist. Solche kleinen Wagnisse sollten Sie auch auf der Suche nach dem passenden Partner eingehen.

In diesem Sinne ist Lena kürzlich über ihren Schatten gesprungen. Sie stand in einem großen Kaufhaus in der Abteilung für Armbanduhren. Ein Mann, der ihr gefiel, hielt ratlos zwei Exemplare in den Händen und konnte sich offenbar nicht entscheiden. Lena gab sich innerlich einen Ruck und sagte zu ihm: "Ich würde die linke Uhr nehmen, die passt viel besser zu Ihnen." Der Mann lächelte Lena freundlich an und sagte: "Vielen Dank für den guten Tipp. Ich glaube, Sie haben recht." Nein, er lud sie nicht auf einen Drink ein. Die kleine Geschichte war damit zu Ende, aber Lena fühlte sich trotzdem gut, weil sie etwas riskiert hatte. Und wer sagt denn, dass ihre Initiative nicht beim nächsten Mal der Anfang einer Liebesbeziehung ist?

Verschärfte Bedingung: Frau mit Kind sucht....

Wenn Sie eine alleinerziehende Mutter sind, gilt der Hinweis, sich im Alltag umzuschauen und die Aktivitäten zu erweitern für Sie natürlich genauso wie für die Single-Frauen ohne Kind. Allerdings muss ich Ihnen wohl kaum erzählen, dass Ihre Voraussetzungen aller Wahrscheinlichkeit nach etwas schwieriger sind: Kinder, besonders solange sie noch klein sind, verbrauchen den größten Teil unserer Energie und vor allem unserer Zeit. Außerdem entwickeln sie bewusst oder unbewusst Strategien, damit sie weiterhin der Mittelpunkt unseres Lebens bleiben und die Aufmerksamkeit nicht mit einem Fremden, der am Ende gar noch ihr Papa werden will, teilen müssen. So schlafen sie zum Beispiel partout nicht ein, wenn es schnell gehen soll, weil Mama eine Verabredung hat. Sie müssen noch ein allerallerletztes Küsschen kriegen, wollen unbedingt ihre alte Pumuckel-Puppe, die längst in irgendeiner Kiste auf dem Schrank verpackt ist, haben schrecklichen Durst oder bekommen plötzlich Bauchschmerzen. Krankheiten sind überhaupt ein bewährtes Druckmittel, wenn Mama etwas vorhat. Kinder erkranken offenbar bevorzugt dann, wenn wir es am wenigsten gebrauchen können. Da möchten wir mit unserem Bekannten endlich mal ein Wochenende lang alleine verreisen. Die Tagesmutter hat zugesagt, unser Kind für diese Zeit zu übernehmen. Ausgerechnet dann bekommt es Fieber. Aus der Traum vom Wochenende zu zweit.

Ein weiteres heikles Kapitel ist die kindliche Eifersucht. Betroffene Frauen können ein Lied davon singen, wie flegelhaft sich ihre sonst so lieben Kleinen plötzlich benehmen, wenn ein Verehrer der Mutter auftaucht. In ihrem Buch "Rettet die Liebe vor den Kindern" fasst Gabriele Flessenkemper zusammen: "Mit ihren Bedürfnissen sabotieren Kinder jedes selbst bestimmte Timing von Erwachsenen: Den gemeinsamen Rhythmus der Liebe, die Stunden der Intimität, unbefangene Begegnungen und Zärtlichkeiten am Tage." Trotzdem lässt sich die Suche nach dem passenden Partner auch für Sie als Mutter erfolgreich gestalten, wenn Sie zwei Dinge besonders beachten:

- Denken Sie mehr an sich.
- Organisieren Sie sich kinderfreie Zeit.

Das klingt einfach, ist aber in der Praxis ziemlich schwer. Das schlechte Gewissen und der Wunsch, eine gute Mutter zu sein, stehen dagegen. Das Kind hat ja ohnehin meist nur einen Elternteil, und außerdem soll es auch nicht die Einsamkeit oder Vernachlässigung durchmachen, die wir vielleicht selbst in unserer Kindheit erleben mussten. Aus dieser Einstellung ergibt sich, dass wir unsere Zeit gleichmäßig zwischen Beruf, Haushalt und Kind aufteilen, aber uns selbst kaum welche gönnen - auch nicht dafür, einen Mann kennenzulernen. Eins steht jedoch fest: Sie tun Ihren Kindern nichts Gutes, wenn Sie ihnen Ihren Wunsch nach Liebe opfern. Wenn sie ihre Mutter nur als geschlechtsloses, altruistisches Wesen erleben, lernen sie daraus, dass Frauen keine eigenen Bedürfnisse haben. Das wird ihnen später weder als erwachsener Mann noch als Frau zu einer glücklichen Partnerschaft verhelfen. Aus meiner Praxis weiß ich zudem, dass nicht einmal der Dank für die Aufopferung sicher ist. Setzen Sie sich deshalb bitte konsequent und ohne Schuldgefühle für Ihre Belange ein. Sie sind keine Rabenmutter, weil Sie Ihrem Kind Frechheiten gegen einen männlichen Besucher verbieten, gelegentlich einen Babysitter bestellen und manchmal nicht gestört werden möchten. Erklären Sie es Ihrem Kind, und beweisen Sie ihm mit Verständnis und Zärtlichkeit, dass es Ihre Liebe nicht verliert, wenn ein Dritter hinzukommt.

In der Diskussion nach Vorträgen äußerten alleinerziehende Mütter häufig die Vermutung, dass sie mit Kind weniger Chancen hätten. Stimmt nicht. Männer sind vorhandenem Nachwuchs gegenüber gar nicht so ablehnend, wie man glaubt. "Wer will denn schon eine Frau mit einem dreijährigen Kind?", musste sich meine Kollegin Cornelia von ihrer Mutter nach der Scheidung anhören. Zwei Jahre später machte sie die Erfahrung, dass der Mann, in den sie sich verliebte, sich sogar darüber freute, dass er mit Frau plus kleiner Tochter zu einer kompletten Familie kam. Andere männliche Singles, mit denen ich darüber sprach, äußerten sich ähnlich positiv. Allerdings sollte man die Beziehung zwischen potentiellem Partner und Kind behutsam angehen. Eine Frau erzählte, dass sie zum ersten Date ihre fünfjährige Tochter mitgenommen hat, damit der Mann gleich wusste, worauf er sich einließ. Das finde ich eher unklug. Zunächst muss sich die Verbindung zwischen den Erwachsenen stabilisieren, dann erst sollten die Kinder miteinbezogen werden. Auf diese Weise erspart man ihnen auch Experimente und Wechsel, die sie schwer verkraften.

Also, liebe Mütter, wenn Sie es schaffen, Zeit für sich zu gewinnen, können Sie durchaus die gleichen Möglichkeiten nutzen wie Frauen ohne Kind.

Keine Angst vor Unbekannten!

Um geschickt Kontakte zu knüpfen ist es wichtig, ein passendes Verhaltensrepertoire zu entwickeln. Nicht jede ist die geborene Entertainerin, schlagfertig und souverän. Viel häufiger sind wir ängstlich, verkrampft oder zugeklappt wie eine Auster. Wir fühlen uns unbeholfen und stehen unter Stress, sobald wir uns irgendwie produzieren sollen. In diesem Zustand nützt uns selbst die größte Ansammlung netter Männer wenig. Es gibt jedoch eine Reihe psychologischer Techniken, die uns helfen können, uns locker und sicher zu bewegen.

Als erstes ist es notwendig, dass wir uns entspannen, wenn wir uns auf unbekanntes Terrain begeben oder auf einen Mann zugehen. Mein Rat: Nehmen Sie sich ausnahmsweise einmal nicht so wichtig. Wir neigen meist dazu, uns für den Nabel der Welt zu halten und glauben, alle blicken nur auf uns und denken: "Die sucht hier bestimmt einen Mann", oder: "Mit der stimmt wohl was nicht, weil sie hier alleine auftaucht." Mit solchen Vorstellungen manövrieren wir uns selbst in ein peinliches Gefühl. Tatsache ist, dass wir für die anderen nicht halb so interessant sind, wie wir glauben. Dazu ist jeder viel zu sehr mit sich selbst beschäftigt. Außerdem sind die meisten Menschen weniger ablehnend und kritisch als wir annehmen. Wenn wir Interesse an ihnen zeigen, fühlen sie sich geschmeichelt.

In der Meditation wird oft ein Wort oder ein Satz als Mantra ständig wiederholt, um den Geist zur Ruhe zu bringen. Das können Sie auch gegen Ihre Hemmungen benutzen. Sobald Sie merken, dass Sie am liebsten den Rückzug antreten würden oder dass Sie mit einem mutigen Kontaktversuch keinen Erfolg haben, sagen Sie sich mehrmals innerlich vor: "Es ist nicht so wichtig." Sie werden merken, dass sich Ihre Anspannung verringert, sobald Sie das Ereignis für sich relativieren. "Sub specie aeternitatis - unter dem Blickwinkel der Ewigkeit", nannten die römischen Philosophen diese Sichtweise. Auf unsere Zwecke übertragen bedeutet es: In ein paar Tagen sieht das, was uns jetzt so peinlich erscheint, völlig unbedeutend aus. Wollen Sie wirklich Ihr Glück versäumen, nur weil Sie vor der Meinung der anderen Angst haben?

Machen Sie sich außerdem klar, dass Sie kein Sonderfall sind. Nicht nur Sie sind schüchtern oder fürchten sich davor, abgelehnt zu werden, Ihren Mitmenschen geht es genauso. Jede(r) wartet darauf, dass der oder die andere den Anfang macht. Sie werden erleben, wie froh und dankbar Ihr Gegenüber ist, wenn Sie die Initiative ergreifen. Die Male, bei denen Sie sich dabei eine Abfuhr holen werden, sind garantiert selten. Sollte Ihnen das passieren, kann ich nur empfehlen, es nicht persönlich zu nehmen. Ein Mann, der auf eine freundliche Ansprache ruppig oder verletzend reagiert, hat Probleme mit seinem Selbstwertgefühl oder mit seinem Frauenbild und wäre sowieso nichts für eine Klassefrau wie Sie.

Sicher ist es nicht leicht, mit Unbekannten ins Gespräch zu kommen, doch es lässt sich lernen. Die Psychologen Leonard und Natalie Zunin haben sich speziell damit befasst, wie man am besten Kontakt zu fremden Menschen herstellt. Sie sind der Meinung: "Menschliches Verhalten lässt sich zwar nicht programmieren wie ein Computer, aber es gibt eine große Anzahl elementarer Gesprächsmuster, die sich als nützlich erweisen."

Die vier wichtigsten Strategien, mit einem attraktiven Mann in Kontakt zu kommen, möchte ich Ihnen im folgenden vorstellen. Sie dienen vor allem dazu, den Einstieg zu erleichtern und das erste Gespräch über den Anfang hinweg lebendig zu halten.

Tipp Nr. 1:
Plaudern Sie über das, was um Sie herum passiert.

Eine vierundzwanzigjährige Leserin schrieb mir: "Neulich habe ich auf einer Party einen netten Mann kennengelernt. Er hat sich am Anfang auch für mich interessiert und mit mir getanzt, aber dann habe ich mich wohl ziemlich blöd benommen. Ich wusste einfach nicht, was ich mit ihm reden sollte und habe ihn nur angegrinst. Schließlich hat er sich mit einer anderen Frau beschäftigt. So geht es mir immer. Mir fällt einfach nichts Gutes ein, und ich weiß auch nichts Witziges zu erzählen. Was soll ich nur machen?" Diese Leserin setzt sich auf die gleiche Weise schachmatt wie viele von uns: Wir glauben, wir müssten unserem Gegenüber etwas ganz Besonderes bieten, um seine Aufmerksamkeit zu fesseln. Das ist jedoch ein Trugschluss. Im Gegenteil, brillante Gesprächseröffnungen oder atemberaubende Geschichten aus dem eigenen Leben verschrecken eher, als dass sie besonders anziehend wirken. Entweder fühlt sich der andere dadurch zum Publikum degradiert oder gerät unter den Stress, ebenfalls etwas Beeindruckendes von sich geben zu müssen. Anstatt also verzweifelt nach einem originellen Einstieg zu suchen, ist es besser, ganz normal zu bleiben. Gehen Sie einfach von dem aus, was um Sie herum passiert. Indem Sie etwas aus der Umgebung, die

Sie gerade mit dem anderen teilen, aufnehmen, finden Sie gemeinsamen Gesprächsstoff. Am besten formulieren Sie Ihre Bemerkung als Frage, damit Ihr Gegenüber in die Unterhaltung einsteigen kann.

In der Schlange am Supermarkt können Sie zum Beispiel mit Blick in den Einkaufswagen Ihres Vordermannes sagen: "Entschuldigen Sie, ich sehe gerade, dass Sie diese Tiefkühl-Scampis kaufen. Die wollte ich immer schon mal probieren. Können Sie sie empfehlen?" In der Pause bei einer Fortbildung rühren Sie nicht stumm in Ihrer Kaffeetasse, sondern fragen den netten Herrn am Stehtisch: „Was halten Sie denn von der These des Referenten?“ Solch ein Einstieg wirkt sympathisch, spontan und unverfänglich.

Tipp Nr.2: Lassen Sie Persönliches einfließen

Die ersten Sätze des Gesprächs dienen als Eisbrecher und dürfen deshalb ganz allgemein sein. Haben Sie keine Angst, dass sie vielleicht zu banal klingen. Soll die Unterhaltung jedoch danach nicht versickern, müssen Sie schon etwas persönlicher werden. Sprechen Sie nicht nur über Fakten, sondern flechten Sie Ihre Gefühle oder Meinungen mit hinein. Zum Beispiel: "Ich bin hier etwas verloren, weil ich nur die Gastgeber kenne." oder "Diesen italienischen Aperitif trinke ich besonders gerne. Er erinnert mich an meinen letzten Urlaub in der Toskana." Damit werfen Sie einen Angelhaken aus. Ist Ihr Gesprächspartner interessiert, kann er leicht fortfahren und möglicherweise erwidern: "Ich kenne hier auch kaum Leute. Wollen wir mal zusammen ans Buffet gehen?" oder "Ach, lieben Sie Italien auch so? Ich finde, die Menschen dort haben Lebensart." Ganz nebenbei erfahren Sie auf diese Weise auch, ob Sie beide Gemeinsamkeiten haben und auf der gleichen Wellenlänge liegen. Die ersten Minuten jedes Kontaktes sind immer eine Art Test, in dem Informationen und Eindrücke ausgetauscht und vom Verstand und den Sinnen gefiltert werden. Je mehr Ähnlichkeiten sich finden, desto eher haben beide Lust, das Gespräch fortzusetzen. Natürlich sollten Sie nicht zu persönlich werden. Enthüllungen über Ihr Seelenleben oder Ihre Probleme sind auf dieser Gesprächsebene nicht angebracht.

Tipp Nr. 3: Zeigen Sie sich interessiert

Ist das Gespräch in Gang gekommen, müssen wir es weiterhin aufrechterhalten. Dabei geht vielen die Puste aus. Nach den ersten Sätzen folgt verlegenes Schweigen, weil sie nicht wissen, wovon sie denn nun noch reden sollen. Hier hilft es, Interesse am anderen zu zeigen. Ermuntern Sie Ihr Gegenüber durch Fragen oder Zustimmung, sich weiter zu äußern, etwa: "Das ist ja wirklich aufregend, was Sie da sagen." oder "Ja, genauso ging es mir neulich auch." "Woher kennen Sie denn die Gastgeber?" Falls Sie mit echtem Engagement nachfragen, wird sich der andere geschätzt fühlen und gerne fortfahren. Das fällt positiv auf Sie zurück. Vermutlich haben Sie selbst schon erlebt, dass Sie meinten, sich wunderbar unterhalten zu haben - und dabei hatten Sie in Wirklichkeit überwiegend von sich erzählt. Auch hier gilt: Jeder ist für sich selbst der wichtigste Mensch. Das können Sie sich für ein gutes Gespräch zunutze machen. Falls Sie nicht besonders wortgewandt sind, hören Sie eben aktiv zu. Das heißt, Sie lauschen nicht stumm wie ein Fisch, sondern geben Ihrem Gesprächspartner mit Nicken, Zustimmung und Nachfragen Impulse zum Weitersprechen. Richtig zuzuhören ist tatsächlich eine Kunst. Sie verlangt, dass wir den anderen nicht nur als Stichwortgeber für eigene Erzählungen benutzen, sondern uns auf ihn einstellen. Wenn Sie dazu neigen, zu viel von sich zu sprechen, hilft Ihnen vielleicht mein kleiner Trick. Sobald mir auffällt, dass ich zu viel von mir rede, bremse ich mich, indem ich mir sage: Was ich sagen will, ist mir längst bekannt. Dagegen weiß ich noch nicht, was mein Gesprächspartner mir zu erzählen hat. Also ist es für mich wesentlich interessanter, zuzuhören.

Tipp Nr. 4: Machen Sie Komplimente.

Ein wirkungsvoller Einstieg ins Gespräch sind Komplimente. Wenn Sie es ehrlich meinen und nicht zu dick auftragen, wird das auch einem Mann gefallen. Jeder hat etwas an sich, dass hervorzuheben sich lohnt. Wenn Ihnen etwas Angenehmes ins Auge springt, dürfen Sie das gerne als Aufhänger benutzen. "Sagen Sie, wo haben Sie diese tollen Manschettenknöpfe her?" oder "Sie lächeln so nett, haben Sie gute Laune?" Damit stimmen Sie Ihren Gesprächspartner positiv ein. In den USA werden Verkäuferinnen sogar darin geschult, ihrer Kundschaft Komplimente zu machen. Der Effekt ist verblüffend: Man fühlt sich gleich wahrgenommen und wird für einen Kauf viel aufgeschlossener. In dem noblen New Yorker Kaufhaus Bergdorf und Goodman habe ich es selbst erlebt. Obwohl ich die Verkaufsstrategie durchschaute, fühlte ich mich nach einem anerkennenden „I love your bag!“ mit Blick auf meine Handtasche gleich beschwingter. Warum also sollten wir nicht auch Lob und Komplimente als Einstieg in Privatgespräche nutzen?

Ein wenig mit Vorsicht zu genießen, aber im Prinzip recht wirkungsvoll ist auch das Gegenteil eines Komplimentes, die charmante Provokation. Wenn Sie diese Technik mit Fingerspitzengefühl handhaben, können Sie auch damit männliche Aufmerksamkeit erwecken. Kürzlich las ich eine hübsche Geschichte über Lauren Bacall. Als junge Schauspielerin versuchte sie, in Hollywood Fuß zu fassen und wichtige Kontakte zu knüpfen. Leider nahm auf den Partys der Filmbosse niemand von ihr Notiz. Bis ihr ein Kollege den Rat gab: "Lauren, du bist einfach zu nett. So wirst du übersehen. Provoziere die Männer doch mal ein bisschen, dann werden sie schon auf dich aufmerksam." Sie setzte den Rat sofort in die Tat um und fragte den nächsten attraktiven Mann: "Wo haben Sie denn Ihre Krawatte gekauft?" Als der verblüfft fragte, warum sie das denn wissen wolle, sagte sie lächelnd: "Damit ich die anderen Männer vor diesem Laden warnen kann." An diesem Abend wurde Lauren jedenfalls nicht mehr übersehen.

Bacalls Provokation war schon hart an der Grenze zur Unverschämtheit und wurde vermutlich nur durch ihr Lächeln abgemildert. Natürlich sollten kleine Sticheleien dieser Art niemals aggressiv sein. Keiner hört sich begeistert eine Gemeinheit an. Als Ziel des liebevollen Spotts eignen sich nur unbedeutende Dinge. Behinderungen oder offensichtliche Mängel zu kritisieren ist taktlos und keineswegs witzig. Am besten verpacken Sie eine kleine Lästerei nach der Manier Zuckerbrot und Peitsche in ein nettes Kompliment. Sie können zum Beispiel sagen: "Wie kommt ein so intelligenter Mann wie Sie zu so einer schwachsinnigen Schlussfolgerung?" oder "Sie sitzen hier schon den ganzen Abend faul im Sessel. Dabei wette ich, dass Sie ein guter Tänzer sind." Angriffslust in Maßen kann Männer durchaus faszinieren. Sie werden dadurch angeregt, sich mit Ihnen auseinanderzusetzen.

Haben Sie Geduld mit sich, wenn die hier geschilderten Konversationstechniken nicht auf Anhieb klappen. Wie alle Fähigkeiten müssen auch sie eingeübt werden. Am besten versuchen Sie es mit Menschen, bei denen Sie nicht schon von vornherein Herzklopfen bekommen: Bei Ihrem Tankwart, dem Kioskbesitzer oder dem Postboten. Die lockere Kontaktaufnahme oder der kleine Flirt müssen zu Ihrem Repertoire werden, auf das Sie sicher zurückgreifen können, wenn es ernst wird. Betrachten Sie es als eine Art Handwerkszeug auf der Suche nach dem passenden Partner.

Partnerschaftsbörsen im Internet

Vielleicht sind Sie es leid, in Ihrer täglichen Umgebung immer wieder neu auszutesten, ob ein Mann, der Ihnen gefällt, auch an einer festen Beziehung interessiert ist. Oder Sie wollen einfach noch mehr Gelegenheit und Auswahl. Dann ist eine Partnerschaftsbörse vielleicht das richtige für Sie. Früher war es die Annonce in Zeitungen, heute wird das Internet eingesetzt, um sich Umwege zu ersparen. Wenn Sie dort suchen, sind Sie in bester Gesellschaft: Über zehn Millionen Singles in Deutschland nutzen bereits Kontaktbörsen. Logisch, dass die Altersklasse derjenigen am stärksten vertreten ist, denen der Umgang mit dem Computer so vertraut ist wie dem Tischler die Kreissäge: Die unter 30jährigen stellen die größte Gruppe, sie surfen unbekümmert im Netz. Schon ab 40 scheiden sich dann die Geister. Manche sind routiniert auf der Suche nach Mr. Right im Web unterwegs, andere scheuen sich, dieser undurchsichtigen Welt ihre persönlichen Daten anzuvertrauen. Weiter oben, bei den Fifties, wird die Luft noch dünner. Als ich einer 52jährigen Freundin, die nach ihrer Scheidung in einer Kleinstadt versauerte, zur Partnersuche im Internet riet, wehrte sie sich erst vehement, ließ sich dann aber doch von ihrem computerversierten Sohn das Procedere erklären.

Tatsächlich ist es gar nicht so schwer, sich bei einer Partnerbörse anzumelden. Man bekommt Schritt für Schritt erklärt, was zu tun ist. Schwieriger ist die Entscheidung, wo man denn Mitglied werden will. Jede Börse hat ihren speziellen Stil - und der muss schließlich zum eigenen Typ passen.

Grundlage einiger Börsen ist ein umfangreicher Persönlichkeitstest. Mit diesen Tests werden Übereinstimmungen zwischen den männlichen und weiblichen Interessenten festgestellt, sogenannte Matchpoints. Je näher das Ergebnis an hundert Prozent liegt, desto wahrscheinlicher passt man perfekt zusammen. Allerdings hat so ein Matching seinen Preis. Für die sechsmonatige Mitgliedschaft legt man oft einige hundert Euro hin. Dafür geben sich diese Börsen besonders seriös und werben mit Claims wie „Akademiker und Singles mit Niveau". Daneben existieren beliebte Single-Börsen, die nicht wie ein psychologischer Tanker daherkommen und auch das Portemonnaie weniger belasten. Einige von ihnen erhielten von der Stiftung Warentest eine gute Bewertung. Außerdem gibt es immer mehr Partnerbörsen für ältere User. Die ältesten Mitglieder sind laut Angaben einiger Gründer bereits über 80.

Bei dem großen Angebot fällt es schwer, den Überblick zu behalten. Von daher ist es sinnvoll, auf Empfehlung zu setzen. Wer in Ihrem Umfeld hat auf diesem Gebiet gute Erfahrungen gemacht? Auch objektive Vergleiche von unabhängigen Beobachtern helfen, sich ein Bild zu machen, wie zum Beispiel www.singleboersen-vergleich.de.

Haben Sie schließlich die passende Plattform gefunden, geht es erst richtig los: Sie müssen ein Profil von sich erstellen. Dazu gehören harte Fakten wie Größe und Augenfarbe, aber auch ein Profiltext, mit dem Sie Ihre Persönlichkeit beschreiben und Ihre Wünsche an einen Partner formulieren. Und dann, ganz wichtig, ein Foto, das Sie möglichst attraktiv und locker widergibt.

Soweit es die äußeren Angaben betrifft, haben wir meist noch keine Probleme. Schwierig wird es, wenn wir uns selbst charakterisieren sollen. Oft fehlt uns dazu die Distanz. Wenn Sie sich unsicher fühlen, lassen Sie sich von Freunden oder Freundinnen helfen. Fragen Sie: "Was fällt dir zu mir ein? Nenne mir doch bitte mal ein paar Eigenschaften, die für mich typisch sind." Sicher bekommen Sie auf diese Weise brauchbare Anregungen für Ihren Text. Widerstehen Sie der Versuchung, sich anders darzustellen als Sie sind, um gut anzukommen. Wenn Sie ein eher ruhiger Typ sind, in Ihrem Profil aber die Entertainerin geben, haben Sie überhaupt nichts davon. Beim ersten Treffen kommt die Wahrheit ohnehin heraus.

Risiken und Nebenwirkungen

Schlaraffenland, tausend tolle Männer, Sie müssen nur wählen? Jein, denn der virtuelle Kontaktes hat auch seine Tücken.

Es wird auf Teufel komm ´raus geschönt.

Man fragt sich schon, warum einem im realen Leben eigentlich nicht häufiger George-Clooney-Brad-Pit-Doubles begegnen, wo es davon doch offenbar so viele gibt. Der Grund: Im Netz kann jeder sein Idealbild posten. Sich mal eben 5 bis 10 Jahre jünger machen. Das Gewicht gewaltig herunterfahren und den Bierbauch verschweigen. Sich als erfolgreicher Unternehmer aufplustern, obwohl man sich finanziell mühsam im Wohnbüro durchschlägt. Ein Jugendfoto ins Netz stellen oder eine mit Fotoshop bearbeitete Fassung. Umso enttäuschender ist dann der Realitätscheck.

Die Absichten sind nicht immer lauter.

Was früher der Heiratsschwindler war, ist heute der Netzbetrüger. Allerdings geht es hier nicht um Geld, sondern um Sex. Das Ergebnis ist aber ähnlich verstörend. Frauen, die einem Web-Casanova in die Hände fallen, fühlen sich am Ende gedemütigt, verletzt und ausgenutzt. Dabei sind es keineswegs naive Dummchen, denen das passiert. Fast jede von uns würde auf diese Kerle hereinfallen. Sie verhalten sich nämlich äußerst geschickt. Sind charmant, liebenswürdig, interessant und großzügig.

Anne zum Beispiel ging Jan auf den Leim, angeblich Single und selbständiger Unternehmer. Sie telefonierten stundenlang, er besuchte sie oft, sie fuhren übers Wochenende weg. Dabei zeigte er sich zärtlich und romantisch. Anne glaubte, den Mann ihres Lebens gefunden zu haben. Bis sie einen Anruf von seiner Frau bekam. Die hatte auf der Telefonrechnung mehrfach Annes Nummer gefunden. Anne fiel aus allen Wolken. Entsetzt fragte sie sich, mit wem sie es eigentlich fast ein Jahr lang zu tun gehabt hatte. Sie recherchierte im Internet und fand heraus, dass sie nur eine von vielen gewesen war, mit denen er sich regelmäßig traf. Fazit: Im Internet surfen auch Freibeuter, die Sehnsüchte ausnutzen. Seien Sie niemals zu gutgläubig, kontrollieren Sie alle Angaben.

Trotzdem, nur Mut!

Zum Glück tummeln sich im Web nicht nur schwarze Schafen. Empört schrieb ein Leser auf einen Zeitungsartikel, der vor Risiken

bei der virtuellen Suche warnte: „Ihr Artikel hinterlässt den Eindruck, auf Internetpartnerbörsen liefen nur Spinner, Spanner und andere Kachelmänner herum. Es gibt auch die, die es ehrlich meinen.“ Das kann Ellen bestätigen. Sie war schon seit ein paar Jahren Single und hatte sich inzwischen den Traum von einer großen Liebe abgeschminkt. Da bekam sie den Tipp mit der Partnerbörse von der Tochter ihrer Freundin. Schon ihr zweiter Versuch war erfolgreich. Mit dem Mann lebt Ellen jetzt glücklich zusammen.
Recherchieren Sie einmal in Ihrem Bekanntenkreis. Fast jeder kennt mindestens ein Paar, das sich via Internet gefunden hat. Warum sollte das nicht auch für Sie gelten? Also, probieren Sie es aus.

Dazu noch ein Tipp: Verlassen Sie möglichst schnell die Web-Ebene und verabreden Sie sich. Wenn Sie zu lange mailen oder telefonieren, bevor Sie sich sehen, entsteht in der Phantasie ein Bild der Person, das nicht unbedingt der Realität entspricht. Manche Männer blühen vor ihrem Computer oder am Telefon regelrecht auf. Sie plaudern charmant, weil sie sich dadurch weniger gehemmt fühlen. Andere wiederum sind einsilbig, solange sie ihrer Gesprächspartnerin nicht in die Augen schauen können. In jedem Fall ist das, was man hört und liest, nur die halbe Wahrheit. Damit sich für Sie beide gar nicht erst ein Vorurteil verfestigt, nutzen Sie die Medien möglichst nur, um Informationen zu vermitteln und sich zu verabreden. Sparen Sie sich den intensiven Austausch für das Treffen auf.

Frösche sind zahlreicher als Prinzen. Rechnen Sie damit, dass Sie eine ganze Reihe von Kandidaten treffen müssen, bevor der Richtige dabei ist. Wenn Sie jedes Mal voller Hoffnung und mit Schmetterlingen im Bauch zum Date eilen, kann das ziemlich stressig werden. Ein Trick, die Verabredung von vornherein nicht zu wichtig zu nehmen, ist, sich möglichst rasch hintereinander mit den Männern zu treffen, deren Internet-Profil Ihnen zusagt. Auf diese Weise verliert die einzelne Begegnung ihre besondere Bedeutung und Sie sind weniger aufgeregt. "Systematische Desensibilisierung" nennen das die Verhaltenstherapeuten. Ähnlich wie bei zahlreichen Vorstellungsgesprächen im Beruf werden Sie durch Wiederholung immer sicherer. Vor allen Dingen sollten Sie das positiv sehen. Wenn Sie stöhnen: "Es ist wirklich schrecklich, dass ich völlig umsonst alle diese grässlichen Kerle getroffen habe", ziehen Sie sich herunter. Sagen Sie sich stattdessen: „Mr. Right war zwar diesmal noch nicht dabei, aber es hat meinen Horizont erweitert, diesen Mann kennenzulernen". Dann werden Sie sich wesentlich besser fühlen. Susan Page zitiert eine Freundin, die nach zahlreichen erfolglosen Treffen dennoch zufrieden sagte: "Seit meiner Studentenzeit bin ich nicht mehr mit so vielen verschiedenen Männern ausgegangen." So kann man es schließlich auch sehen!

Regeln für das erste Date

Egal, ob Sie einen interessanten Mann auf der Geburtstagsparty einer Freundin oder bei Partner.de kennengelernt haben: Die folgenden Hinweise gelten für jedes erste Treffen mit einem noch ziemlich unbekannten Mann.

Phase 1: Die Verabredung

Faustregel: Niemals zu Hause. Wählen Sie als Treffpunkt neutrales Terrain. Schließlich laden Sie ja auch sonst nicht jeden X-Beliebigen zu sich ein oder gehen in seine Wohnung. Etwas Vorsicht ist immer angebracht, und außerdem kann ein Start daheim schneller intim werden als Ihnen lieb ist. Also wo? Falls er seine Stammkneipe oder sein Lieblingsrestaurant vorschlägt, lernen Sie zwar seinen Geschmack kennen, befinden Sie sich aber im fremdem Revier. Das verunsichert.

Sie können natürlich Ihrerseits ein Lokal wählen, in dem Sie häufig sind und sich wohl fühlen. Das hat jedoch unter Umständen den Nachteil, dass Sie ihm vielleicht demnächst dort auch dann begegnen, wenn Sie es nicht mehr wollen. Beides vermeiden Sie, indem Sie von vornherein eine angenehme, auf halber Strecke zwischen beiden

Wohnungen liegende Lokalität vorschlagen. Am besten testen Sie die vorher schon einmal aus.

Noch besser: Verabreden Sie sich zu einer Veranstaltung. Nichts ist anstrengender, als sich gegenüberzusitzen und fieberhaft nach einem interessanten Thema zu suchen. Wenn Sie sich stattdessen zum Kino, Konzert, Theater oder zu einer Ausstellung treffen, lernen Sie sich wesentlich zwangloser kennen. Sie erhalten genügend Gesprächsstoff und erfahren ganz nebenbei, was für eine Weltanschauung, Vorliebe oder Meinung Ihr Begleiter hat.

Phase 2: Die Vorbereitung

Bloß nicht zu viel des Guten. Ein aufwendiges Styling, teurer Schmuck und Edelklamotten, die normalerweise nur für besondere Anlässe im Schrank hängen, schrecken Männer meist eher ab, als dass sie anziehend wirken. Vorsicht auch vor intensiven Signalen: Killer-Highheels, schwarzes Leder, tiefes Dekolleté oder Minirock sind beim ersten Rendezvous ziemlich provokant. Andererseits ist es nur die Kehrseite der Medaille, wenn Sie sich nach dem pseudo-coolen Motto "Ist mir doch alles nicht so wichtig" nachlässig kleiden.

Phase 3: Die Begegnung.

Noch wissen Sie nicht, ob Ihr Treffen interessant oder öde verlaufen wird. Deshalb sollten Sie vorbeugen. Machen Sie schon vorab eine Zeitansage. Wenn Sie erst nach einer Stunde verkrampften Smalltalks plötzlich eine wichtige Verabredung vorschieben, ist das allzu durchsichtig und kränkend. Andererseits müssen Sie natürlich nicht stundenlang gequält ausharren, nur um Ihr Gegenüber nicht zu verletzen. Davor können Sie sich schützen, indem Sie von vornherein ankündigen: "Ich habe leider nachher noch einen Termin." Es steht Ihnen ja frei, Ihren "Termin" später platzen zu lassen.

Selbst wenn Ihnen der Mann gefällt - halten Sie das erste Date kurz. Empfehlenswert ist es, im Lokal oder nach einer Veranstaltung höchstens zwei Stunden miteinander zu verbringen. Was darüber hinausgeht, ist entweder ermüdend, oder es entsteht eine Nähe, die zu diesem Zeitpunkt noch verfrüht ist.

Vermeiden Sie Alkohol. Vor lauter Aufregung trinkt man schnell ein Glas zu viel. Möglicherweise verlieren Sie dadurch zwar Ihre Hemmungen, aber auch die Kontrolle. Sie geben dann zu viel von sich preis oder lassen sich zu Dingen verführen, denen Sie mit klarem Kopf nicht zugestimmt hätten. Zudem wird Ihre kritische Wahrnehmung getrübt, so dass Ihnen manches Wissenswerte über Ihr Gegenüber entgeht.

Ein bewährtes Mittel gegen Lampenfieber und Prüfungsangst ist, einzugestehen, dass man aufgeregt oder blockiert ist. Das funktioniert auch hier. Sagen Sie offen, wie Ihnen zumute ist. Etwa: "Ich bin wahnsinnig nervös. Geht es Ihnen auch so?" Indem Sie Ihr Unbehagen in dieser speziellen Situation ansprechen, anstatt es krampfhaft zu kaschieren, werden Sie merken, wie sich die Lage entspannt. Sie dürfen auch zugeben, dass Sie unsicher oder gehemmt sind, weil Sie bisher mit Internetbekanntschaften keine Erfahrung haben. Tun Sie keinesfalls so, als hätten Sie es eigentlich gar nicht nötig, auf diesem Wege einen Partner zu finden und könnten an jedem Finger zehn Männer haben, wenn Ihnen nur Ihr Job die Zeit ließe. Schwärmen Sie auch nicht von Ihrem wunderbaren großen Freundeskreis und den vielen interessanten Leute, die Sie kennen. Sagen Sie ruhig, dass Sie sich manchmal einsam fühlen. "Selektive Offenheit" nennen das die Psychologen. Es bedeutet, dass Sie mit Maßen mitteilen, was in Ihnen vorgeht. Mit Ihrer Ehrlichkeit ermöglichen Sie es Ihrem Gesprächspartner, seinerseits Gefühle zu zeigen. Gerade Männer glauben häufig, sie müssten in jeder Lebenslage sicher und souverän erscheinen.

Natürlich möchten Sie gerne so viel wie möglich über Ihren potentiellen Partner erfahren und auch etwas von sich mitteilen. Haben Sie trotzdem Geduld. Intensiver Austausch ist eine Frage des Vertrauens.

Das muss erst einmal wachsen. Deshalb gilt es, behutsam vorzugehen. Tabu sein sollten beim ersten Treffen Themen wie Familiendramen, allzu persönliche Schwächen, dunkle Punkte in der Vergangenheit, sexuelle Vorlieben und die eigene Finanzlage. Denken Sie beim Erzählen daran: Unter Umständen sehen Sie diesen Mann kein zweites Mal. Möchten Sie dann, dass er soviel von Ihnen weiß? Falls Ihr Gesprächspartner in diesem Punkt wenig Gespür hat, selbst zu viel preisgibt oder Sie ausfragt, wechseln Sie geschickt das Thema. Notfalls sagen Sie deutlich: "Verzeihen Sie, aber ich finde, wir kennen uns noch nicht gut genug, um darüber zu sprechen." Das heißt nicht, dass Sie nur oberflächliches Blabla von sich geben sollen. Auch beim Austausch über Reisen, Hobbys, Bücher oder Filme kann man sich näherkommen.

Phase 4: Der Abschied

Das Gespräch war angenehm, vielleicht ist sogar der berühmte Funke übergesprungen. Sie sind sich ziemlich sicher, dass er ebenfalls an einer weiteren Begegnung interessiert ist. Dann spielt es keine Rolle, wer ein neues Treffen vorschlägt. Wichtig ist jedoch, jetzt schon einen festen Termin zu vereinbaren. Sie ersparen sich dadurch das Warten auf den nächsten Telefonanruf oder die Mail. Eine vorläufige Planung lässt sich später notfalls immer noch verschieben.

Es kann auch sein, dass er Ihnen zwar gefällt, aber Sie vermuten, dass Sie nicht sein Typ sind. Das können Sie austesten. Sprechen Sie von sich aus ein neues Treffen an, indem Sie etwa sagen: "Mir hat unser Zusammensein gut gefallen, und ich fände es nett, wenn wir es bald einmal wiederholen." Achten Sie dabei auf seine Körpersprache und Mimik. Lächelt er offen? Schaut er Ihnen in die Augen? Oder blickt er zur Seite, reibt sich verlegen die Nase, fummelt nervös an seinem Schal herum? Im letzteren Falle sendet er Signale des Unbehagens. Er fühlt sich in die Enge gedrängt. Hören Sie bitte auch genau hin, wie er verbal auf Ihren Vorschlag reagiert. Sagt er ausweichend: "Ich melde mich" oder "Wir telefonieren", lassen Sie sich damit nicht abspeisen.

Haken Sie nach: "Ich bin meist schwer zu erreichen. Wann genau kann ich mit Ihrem Anruf rechnen?" Wenn daraufhin immer noch keine präzise Antwort kommt, sollten Sie das Ganze am besten vergessen. Interesse kann man leider nicht erzwingen.

Schließlich gibt es noch die dritte Möglichkeit, dass er Sie unbedingt wiedersehen möchte, Sie jedoch daran nicht mehr interessiert sind. Wenn Sie sicher sind, dass Sie ihm keine zweite Chance geben wollen, begehen Sie nicht den Fehler, sich aus Mitleid zu einem weiteren Kontakt überreden zu lassen. Damit tun Sie weder sich noch dem anderen einen Gefallen, sondern vertagen lediglich die Abfuhr. Klären Sie die Situation lieber an Ort und Stelle. Am wenigsten kränkend ist es, wenn Sie auf Kritik verzichten und von sich selbst ausgehen, etwa: "Ich glaube, ich bin doch zu eigenständig, um mich auf die Dauer einem Mann anzupassen. Von daher hat ein weiteres Treffen keinen Sinn für mich." Lassen Sie sich danach auf keine Diskussion ein. Sie brauchen sich nicht zu rechtfertigen. Falls er hartnäckig versucht, Sie umzustimmen, ("Wenn Sie mich erst mal näher kennenlernen...", "Sie sollten uns beiden wirklich eine Chance geben..") benutzen Sie die bewährte rhetorische Technik der "Schallplatte mit Sprung". Sie hat ihren Namen von den guten alten Vinyl-Tonträgern. Wenn die einen Kratzer hatten, rastete die Musik immer wieder an der gleichen Stelle ein. Das funktioniert auch mit Worten. Anstatt auf seine Einwände zu reagieren, wiederholen Sie in sprachlichen Varianten immer wieder Ihre ursprüngliche Aussage. Zum Beispiel: "Ich verstehe Ihren Wunsch durchaus, aber ich möchte es bei diesem Treffen belassen." Erfahrungsgemäß gibt auch der hartnäckigste Verehrer spätestens beim dritten Versuch dieser Art auf.

Es geht weiter

Sie haben beide nach der ersten Verabredung den Eindruck, das könnte etwas werden? Von jetzt an sollte sich die Beziehung langsam und organisch entwickeln. In Gesprächen und gemeinsamen Unternehmungen werden Sie ihn nach und nach besser kennenlernen. Wann Sex ins Spiel kommt, bestimmen Sie natürlich selbst. Klug ist es allerdings, den Zeitpunkt nicht zu früh zu setzen. So finden Sie am besten heraus, ob er wirklich an Ihnen als Person oder nur an einer Affäre interessiert ist.

Verläuft die hoffnungsvolle Beziehung im Sande, sollten Sie deshalb nicht Ihr Selbstbewusstsein verlieren. Die Schlussfolgerung „Ich bin wohl nicht attraktiv genug - sonst hätte er doch ein dauerhaftes Interesse gezeigt" ist eine Denk-Falle, in die Sie nicht tappen dürfen. Für Ablehnung gibt es so viel verschiedene Gründe wie Sand am Meer. Picken Sie sich nicht ausgerechnet den heraus, der Sie klein macht. Sagen Sie sich lieber: Wir haben halt nicht zusammen gepasst, das hat nichts mit meinem Wert zu tun. Lassen Sie sich durch Misserfolge nicht entmutigen. Sie nehmen ja auch nicht den erstbesten Job, den man Ihnen anbietet. Bei der Suche nach dem richtigen Partner gilt es ebenso, einen kühlen Kopf zu behalten und Geduld zu bewahren.

Vielleicht …
Montag?
Mein Schatz

6. Schritt: Die richtige Wahl treffen

6. Schritt - Die richtige Wahl treffen

"Kind, lass die Finger davon, der ist nichts für dich", warnte Ninas Mutter, als sie mit vierzehn einen harmlosen Flirt mit einem Nachbarsjungen begann, der mordsfrech war und schon rauchte. Ihre Eltern hatten in den folgenden Jahren noch reichlich Gelegenheit, über die Partnerwahl ihrer Tochter den Kopf zu schütteln. Verständlich, dass ihnen weder ein Pflastermaler noch ein indischer Schmuckhändler als Schwiegersohn optimal erschien. Heute muss Nina lachen, wenn sie erzählt, in was für wilde Typen sie sich seinerzeit verknallt hat.

Wenn man erwachsen und reifer ist, gestaltet sich die Partnerwahl nicht mehr so unbeschwert. Dann wissen wir allmählich, dass ein Mann nicht bloß deshalb für uns gut ist, weil wir uns in ihn verliebt haben. "Liebe ist nicht genug" sagt Aaron Beck, Paarberater aus den USA, und er hat leider recht! Außer unserem Herzen muss unser Kopf mitentscheiden, wenn die Beziehung tragfähig sein soll. Dazu sind vor allem zwei Aspekte wichtig:

- Den falschen Mann vermeiden
- Wissen, welche Eigenschaften der Richtige haben soll.

Obwohl uns meist längst bekannt ist, wie viel Energie und Kummer es macht, mit einem Mann zusammenzuleben, der uns nicht gut tut, kann es uns in verschiedenen Varianten trotzdem immer wieder passieren. Deshalb möchte ich Ihren Blick dafür schärfen, um welche Art Mann Sie einen großen Bogen machen sollten. Wir übernehmen nämlich viel zu schnell die Rolle der Retterin oder Verständnisvollen und pumpen unsere Kraft in ein Fass ohne Boden. Dabei vergeuden wir kostbare Zeit unseres Lebens und vor allem unser Glück. Je genauer wir wissen, wer nicht zu uns passt und welcher Typ Mann uns das Leben eher schwer als schön macht, desto weniger fallen wir in Zukunft im Namen der Liebe auf ihn herein.

Auch der richtige Mann kann der Falsche sein

Es ist kein Zufall, kein böses Schicksal und auch nicht von Gott gewollt, wenn wir an einen Mann geraten, der uns unglücklich macht. Ob wir es nun akzeptieren oder nicht - irgendetwas in uns passt zu ihm wie der Schlüssel zum Schloss und verursacht die Anziehung.

So ging es Nora. Als Kind litt Nora unter ihrem autoritären Vater. Sie konnte ihm nichts recht machen. Das verunsicherte sie so, dass es ihr noch als Erwachsene schwer fiel, Verantwortung zu übernehmen. Sie fürchtete sich, zu versagen, sobald sie selbst die Initiative ergriff. Auf einer Afterwork-Party lernte Nora Tim kennen. Er war der älteste von drei Geschwistern. Seine Eltern setzen ihn schon früh als Aufpasser für die beiden Kleinen ein. Dafür wurde er gelobt. Sonst erlebte er selten, dass er besonders beachtet oder unterstützt wurde. Kein Wunder, dass Tim verinnerlichte, dass man ihn nur schätzt und liebt, solange er sich um andere kümmert. Nora und Tim flogen förmlich aufeinander. Sie war hingerissen von seiner Fürsorglichkeit, er war fasziniert von ihrer zurückhaltenden Art. Es war Liebe auf den ersten Blick - und doch steckt dahinter eine psychische Dynamik: Beide ergänzten einander, indem einer dem anderen genau die Rolle überschrieb, vor der er sich selbst fürchtete. Tim vermied es, seine hilflose, anlehnungsbedürftige Seite auszuleben - das tat Nora für ihn -, und Nora umging das Risiko, zu versagen, weil Tim ihr die meisten Schwierigkeiten abnahm.

In der Psychotherapie spricht man in einem solchen Fall von Abwehrverhalten. Die Partner brauchen einander, um nicht entwickeln zu müssen, wovor sie jeweils Angst haben. Oft macht das zum wesentlichen Teil die Anziehungskraft zwischen zwei Menschen aus.
Für eine Weile funktioniert diese seelische Arbeitsteilung recht gut. Im längeren Zusammenleben aber scheitert sie meist, weil sich Persönlichkeitsanteile nicht einfach abspalten und einem anderen übertragen lassen. Über kurz oder lang drängen sie danach, dass wir sie

für uns selbst entwickeln. Tatsächlich dauerte es nicht lange, bis sich Nora von Tim bevormundet fühlte und Tim von Noras Passivität enttäuscht war.

Hatten beide die falsche Wahl getroffen?

Nein, Nora hat eben nicht einfach Pech gehabt, dass sie an Tim geraten ist, sondern sie und Tim haben sich gesucht und gefunden. So etwas passiert übrigens innerhalb von Sekunden. Unsere Körpersprache, unsere Worte, unsere gesamte Ausstrahlung vermitteln bereits während der ersten Begegnung unterschwellig, ob wir für einander passend sind. Dennoch kann die Wahl auf Dauer ungünstig sein, weil der andere im Grunde nicht mehr als eine Stütze für eine unentwickelte Eigenschaft in uns selbst ist.

Falls Sie bisher das Gefühl hatten, falsch zu wählen, schauen Sie sich doch einmal an, in welchem Punkt Ihre vorigen Partner in diesem Sinne für Sie zunächst genau die Richtigen waren. Wo haben Sie beide sich auf seelischer Ebene hervorragend ergänzt, auch wenn es Ihnen letztlich nicht gut bekommen ist?

Die folgende Checkliste kann Ihnen dazu einige Hinweise geben:

- Gab es Ihnen innere Sicherheit, dass er von Ihnen abhängig war, etwa weil Sie ihn emotional oder finanziell unterstützen?
- Fühlten Sie sich überlegen, weil Sie in bestimmten Eigenschaften besser waren als er?
- Verlieh Ihnen Ihre Aufgabe als Helferin besondere Bedeutung?
- War Ihnen die Rolle, die Sie in der Beziehung spielten, von früher vertraut?
- Glaubten Sie tief in Ihrem Innern, Sie hätten keinen Besseren verdient?
- Lebte dieser Mann etwas für Sie aus, was Sie sich nicht gestatten, etwa Abenteuer, Spontaneität, Stärke, Schwäche?

Der Schweizer Psychoanalytiker Jürg Willi hat vier klassische Kombinationen zusammengestellt, in denen sich Männer und Frauen magnetisch anziehen:

- Er steht narzisstisch im Mittelpunkt, sie bewundert ihn und tut alles für ihn.
- Er erscheint kalt, gefühlsarm oder hilflos, sie gleicht das mit mütterlicher Wärme aus.
- Er verhält sich als Bestimmer (Macho, Pascha), sie passt sich an und unterdrückt ihre eigenen Wünsche.
- Er zeigt sich passiv, sie aktiv

Natürlich gelten die genannten Kombinationen genauso umgekehrt.

Mit diesen psychologischen Fakten möchte ich keineswegs Ihre Vorstellung von romantischer Liebe entzaubern. Es geht vielmehr darum, Ihre Aufmerksamkeit zu wecken. Wenn Sie wissen, welche Tücke die Regel "Gegensätze ziehen sich an" haben kann, gelingt es Ihnen eventuell besser, solche Kombinationen zu vermeiden. Sie werden dann vielleicht lieber daran arbeiten, bestimmte Eigenschaften selbst zu entwickeln, anstatt sie bei einem Partner zu suchen.

Wo für Sie rote Warnlämpchen angehen sollten

Wenn wir verliebt sind, übersehen wir gerne negative Eigenschaften oder verharmlosen sie. Nach dem Motto "Liebe überwindet alle Hindernisse" fühlen wir uns stark genug, damit fertig zu werden. Vielleicht gelingt es uns am Anfang sogar. Was wir jedoch nicht berücksichtigen, ist, dass die Länge die Last trägt. Bei manchen Schwächen des Partners kann es sich um eine emotionale Zeitbombe handeln, die irgendwann explodiert. Ich möchte Sie deshalb vor allem auf die Probleme aufmerksam machen, die erfahrungsgemäß besonders schwer zu bewältigen sind.

Schauen Sie sich die folgende Palette problematischer Verbindungen gründlich an. Ich bin sicher, dass Sie genau an der für Sie passenden Stelle ein Aha-Erlebnis haben werden. Dann sollten Sie Ihre Gefühle ernst nehmen und daraus die Konsequenzen ziehen.

Die Unterschiede sind zu groß

Es kann durchaus gut gehen, wenn er wesentlich älter ist als Sie, aus anderen gesellschaftlichen Verhältnissen oder einem fremden Kulturkreis stammt. Allerdings steckt darin möglicherweise auch der Keim für zukünftige Konflikte. Psychologen haben nachgewiesen, dass Beziehungen vor allem dann besonders haltbar sind, wenn sie auf gleicher Basis beruhen. Ähnlichkeiten in Milieu, Bildung, Weltanschauung, Alter und Attraktivität bilden ein solides Fundament für eine gute Partnerschaft. Große Unterschiede auf diesen Gebieten lassen sich zwar überwinden, enthalten jedoch ein ständiges Krisenpotential. Von daher sollten wir aus Rebellion gegen eine spießige Gesellschaft oder in blinder Verliebtheit Differenzen nicht ignorieren. Um sich richtig zu entscheiden hilft oft die Frage: "Kann ich die nächsten zehn Jahre unter diesen Bedingungen leben?"

Er ist süchtig

Der Übergang von einer schlechten Angewohnheit zur Sucht ist fließend. Deshalb ist es notwendig, dass wir uns von Anfang an nicht selbst belügen und uns auch nichts vormachen lassen. Wenn Ihnen auffällt, dass er abends immer einige Bierchen braucht, um zu entspannen, wischen Sie das nicht einfach vom Tisch, indem Sie sagen: "Sein Job ist eben ziemlich stressig." Gestehen Sie sich ein, dass er bereits ein Alkoholproblem hat.

Hanna jedenfalls würde davor nie wieder die Augen verschließen. Drei Jahre lang hat sie mit aller Liebe, Geduld und Unterstützung versucht, einen Quartalssäufer zu verändern. Sie hat es nicht geschafft. Während dieser Zeit durchlebte sie sämtliche Tiefen mit ihm, von dem leeren Versprechen, keinen Tropfen mehr anzurühren bis hin zu peinlichen Szenen vor Freunden und Kollegen.

Liebe und Verständnis allein helfen einem Süchtigen nicht, egal ob es sich nun um Alkohol, Tabletten oder härteren Stoff handelt. Ehe Sie es sich versehen, werden Sie zur Co-Süchtigen, das heißt, Sie decken und schützen den Drogenkonsum und machen ihn dadurch weiterhin möglich. Ziehen Sie lieber vorher die Notbremse und stellen Sie ein Ultimatum: "Entweder du suchst dir professionelle Hilfe - oder es ist aus mit uns." Einen Süchtigen zu begleiten, bedeutet Schwerstarbeit, und ohne fachliche Unterstützung ist eine Veränderung kaum möglich.

Er sieht leicht Rot

Am Anfang flippt er vielleicht nur gelegentlich aus, weil ihm irgendetwas nicht passt, was Sie sagen oder tun. Natürlich entschuldigt er sich später bei Ihnen und schiebt es auf die momentane Anspannung im Beruf. Sie verzeihen ihm: So etwas kann schließlich mal vorkommen. Doch je näher Sie sich kennen, desto mehr häufen sich seine unkontrollierten Ausbrüche. Insgesamt zeigt er wenig Geduld und explodiert schon bei Kleinigkeiten. Wenn Sie beide sich streiten, stürmt er aus dem Zimmer und knallt die Tür zu oder beendet abrupt das Telefonat. Sie wissen nie so genau, ob seine gute Stimmung nicht von einer Minute zur anderen in schlechte Laune umschlägt. Am Ende wird er sogar tätlich. Ist diese Hemmschwelle erst einmal überschritten, besteht die Gefahr, dass das immer häufiger geschieht.

Hören Sie auf, sein Verhalten mit einer schlimmen Kindheit zu erklären oder zu rechtfertigen. Misstrauen Sie seinen Entschuldigungen. Vermutlich hat er die besten Absichten, sich zu ändern, doch ohne therapeutische Hilfe rastet er bei nächster Gelegenheit garantiert wieder aus. Meist liegt eine tiefere psychische Störung vor oder zumindest eine derzeitige Unfähigkeit, sich mit anderen Mitteln auseinanderzusetzen. Selten ist es eine Frage des Willens, daran etwas zu ändern. Die Ursachen müssen therapeutisch aufgearbeitet und ein neues Verhalten erlernt werden.

Er hat sexuelle Probleme

Natürlich muss es im Bett nicht gleich zu Anfang ein berauschendes Erlebnis sein. Schließlich kennen Sie gegenseitig Ihre sexuellen Vorlieben und Abneigungen noch kaum. Es braucht meist eine gewisse Zeit, um ein harmonisches Liebesleben zu entwickeln. Das ist ganz normal und kein Grund zur Besorgnis. Anders verhält es sich, wenn Sie sich mit Ihrem Partner auf diesem Gebiet von vornherein deutlich unwohl fühlen und den Eindruck haben, dass da etwas nicht stimmt. Es kann zum Beispiel ein Hinweis auf sexuelle Probleme sein, wenn Sie mit ihm eine der folgenden Erfahrungen machen:

- Er vermittelt Ihnen ständig, dass Sie seinen Erwartungen nicht genügen.
- Sie fühlen sich sexuell eher benutzt und manipuliert als geliebt.
- Ihr Partner respektiert Ihre Gefühle nicht und geht einfach darüber hinweg.
- Er kann Sie nur lieben, wenn er sich vorher künstlich anregt, etwa mit Pornografie.
- Er begehrt Sie nur, wenn Sie bestimmte Dinge tragen wie Reizwäsche oder Leder.
- Er ist impotent oder leidet unter vorzeitigem Samenerguss.
- Er zeigt Neigungen in Richtung Sadismus oder Masochismus.
- Er will im Bett Macht ausüben oder demütigt Sie in irgendeiner Form.
- Sie haben den Eindruck, dass Sie für ihn als Frau austauschbar sind.

Denken Sie in solchen Fällen nicht zu optimistisch: "Wir verstehen uns sonst so gut - das mit dem Sex kriegen wir auch noch hin!" Schwierigkeiten im sexuellen Bereich sind erfahrungsgemäß tiefgreifend mit der Persönlichkeit verbunden. Zudem ist die körperliche Liebe ein Gebiet, auf dem wir besonders verletzbar sind. Es geht uns an die Substanz, wenn wir hier gekränkt oder abgewertet werden. Erst vor kurzem erhielt ich den verzweifelten Brief einer Frau, die darunter litt, dass ihr Mann sich regelmäßig Pornos im Internet ansah. Er spielte das als völlig normal herunter und bezeichnete ihre Reaktionen als übertrieben und verklemmt. Tatsache ist jedoch, dass auf diese Weise eine Beziehung zerstört werden kann, weil wir uns verletzt und benutzt fühlen.

Jede Frau sollte es sich überlegen, ob sie sexuelle Probleme wirklich ertragen will. Eine gute Partnerschaft umfasst die Harmonie von Körper und Seele. Wenn eins von beiden fehlt, ist es ein großes Risiko nicht nur für die Beziehung, sondern auch für das eigene Selbstwertgefühl.

Er ist noch nicht erwachsen

Wohlgemerkt, hierbei geht es nicht um einen Mann, der kindlich und spontan sein kann, ansonsten aber sein Leben gut im Griff hat. Gemeint ist vielmehr einer, der sich weigert, Verantwortung für sich und die Partnerschaft zu übernehmen. Ob Sie es mit einem unreifen Partner zu tun haben, merken Sie daran, wie stark Sie sich von ihm in die Mutterrolle gedrängt fühlen. Müssen Sie ihn ernähren, versorgen, seelisch aufbauen? Sind Sie oft ärgerlich, weil er Sie hängen lässt, nicht zu Ihnen steht oder Ihnen die ganze Beziehungsarbeit aufbürdet? Dann sind Sie vermutlich auf jemanden mit "Peter-Pan-Syndrom" gestoßen, der Sie zwar als fürsorgliche, aber nicht als gleichberechtigte Partnerin einsetzt.

Solche Unreife kann sich auf verschiedenen Gebieten zeigen:

- Er ist finanziell unselbständig.
  Sein Konto ist meist überzogen, er macht Schulden, leiht sich Geld von Ihnen oder Freunden. Im großen und ganzen lebt er auf Ihre oder anderer Leute Kosten. Er findet immer wieder eine Ausrede, um sich keine geregelte Arbeit suchen zu müssen.

- Sie können sich nicht auf ihn verlassen.
  Oft kommt er zu spät, ohne Ihnen wenigstens Bescheid zu sagen. Er hält seine Versprechen nicht. Wichtige Termine vergisst er einfach. Er sagt zu, etwas zu besorgen und denkt dann nicht mehr daran.
- Er interessiert sich für andere Frauen.
  Er sagt, er liebt Sie, doch sogar wenn Sie dabei sind dreht er sich nach jedem weiblichen Wesen um. Er flirtet auf Teufel komm 'raus und muss sich dauernd beweisen, wie viele Chancen er noch hat. Er betrügt Sie.
- Er ist ein Muttersöhnchen.
  Vermutlich ist er sonst ein ganzer Mann, selbstbewusst, entschlossen und tüchtig im Beruf. Nur seine Mutter ist sein schwacher Punkt. Mehrmals in der Woche telefonieren die beiden miteinander. Selbstverständlich verbringt er die meisten Wochenenden mit ihr. Wenn Mama ihn braucht, stellt er die eigenen Pläne zurück. Falls er doch mal gegen den mütterlichen Einfluss rebelliert, plagen ihn danach heftige Schuldgefühle. Er glaubt, ihr besonders dankbar sein zu müssen oder hat sich innerlich verpflichtet, ihre Einsamkeit zu lindern. Egal wie groß die Liebe zu seiner Freundin oder Frau ist - sie kommt an zweiter Stelle.

Er ist eifersüchtig

Ein bisschen Eifersucht ist das Salz in der Suppe der Liebe. Wenn wir ehrlich sind, ist wohl keiner von uns ganz frei von diesem Gefühl. Das würde letztlich ja auch für ein Desinteresse am Partner sprechen. Doch übertriebene Eifersucht kann zur Qual für alle Beteiligten werden.

"Du gehörst mir!" sagte Alissas neuer Freund zu ihr. Alissa fühlte sich geschmeichelt und hielt diese Worte für pure Leidenschaft. Dass sie ernst gemeint waren, erfuhr sie schon wenig später: Sie durfte keinen Schritt mehr ohne ihn machen. Sobald sie sich mit einer Freundin verabredete, schmollte er: "Und ich?". Als sie harmlos bemerkte, dass ihr das männliche Model einer Rasierwasser-Werbung gut gefiel, war er tödlich beleidigt. Kam sie mal zu spät von der Arbeit, argwöhnte er gleich, sie habe ein Verhältnis mit einem Kollegen. Am Ende fühlte sich Alissa regelrecht gefangen.

Wenn Sie feststellen, dass Sie zu sehr kontrolliert werden, sollten Sie klare Grenzen ziehen. Machen Sie auch in der ersten Verliebtheit keine Zugeständnisse, die Sie später einengen.

Er hängt noch an seiner Ex

Liegt die Trennung noch nicht lange zurück, kann es sein, dass Sie nur als Seelentrösterin fungieren.

Sarah hatte einen Mann kennengelernt, dessen Scheidung erst ein halbes Jahr zurücklag. Sie war sehr verliebt in ihn und freute sich auf den ersten gemeinsamen Wochenendtrip. Die beiden wollten von München aus nach Mailand fahren und danach noch einen Tag an der italienischen Küste verbringen. Was Sarah nicht ahnte, war, dass sie dabei auf den Spuren ihrer Vorgängerin wandelte. Ihr neuer Freund hatte haargenau die Route gewählt, die er häufig mit seiner Frau gefahren war. Während der ganzen Autofahrt erzählte er Sarah sehnsüchtig von den früheren Zeiten. An den Orten der Erinnerung wurde er regelrecht melancholisch. Offenbar hatte er sich innerlich noch längst nicht von seiner Ex-Frau abgenabelt.

Seelentrösterin zu sein kann unser Selbstbewusstsein ziemlich anknacksen. Außerdem besteht die Gefahr, dass Ihr Partner sich abwendet, sobald Sie Ihre Aufgabe erfüllt haben und es ihm wieder gut geht. Achten Sie deshalb rechtzeitig darauf, ob der Mann, der Sie interessiert, auch innerlich solo ist. Hängen die Fotos der Verflossenen noch in seiner Wohnung? Hütet er Gegenstände, die ihr gehört haben, wie Reliquien? Spricht er häufig von ihr? Möchte er, dass Sie sich ähnlich verhalten oder kleiden? Dann ist sein Herz vermutlich noch von Ihrer Vorgängerin besetzt.

Seine Kinder akzeptieren Sie nicht

Falls Sie einen Mann mit Kind(ern) kennenlernen, ist das Zusammensein von vornherein komplizierter. Unerwartet sind Sie an eine halbe Familie geraten, deren Vertrauen Sie erst einmal gewinnen müssen. Verständlich, dass das seine Zeit braucht. Gelingt es Ihnen jedoch nach einigen Monaten immer noch nicht, sich Ihren Platz zu erobern, sollten Sie vorsichtig sein. Kinder haben häufig die Vorstellung, dass die neue Freundin des Vaters schuld daran ist, dass er mit ihrer Mutter nicht wieder zusammenkommt. Sie sind dann unglaublich erfindungsreich und hartnäckig darin, die Beziehung zu torpedieren.

Die Autorin Gabriele Flessenkemper beschreibt, wie es ein fünfjähriger Knirps geschafft hat, seinen geschiedenen Vater davon abzuhalten, eine Liebesbeziehung anzufangen, indem er schmollte und permanent störte, sobald die beiden zärtlich miteinander wurden. Teenager können noch viel rigoroser vorgehen. Eine Freundin von mir ergriff schließlich die Flucht, weil der halbwüchsige Sohn ihres neuen Freundes darauf bestand, dass Papa ihn an jedem Wochenende begleitete, wenn er mit seiner Mannschaft Hockey spielte.

Sobald Sie merken, dass Ihr Partner nicht wirklich hinter Ihnen steht und er seinem Nachwuchs keine Grenzen setzt, sollten Sie sich das Ganze noch mal überlegen. Blut ist letztlich dicker als Wasser. Im Zweifelsfall wird er sich wahrscheinlich gegen Sie und für seine Kinder entscheiden.

Er ist ein "Übergangsmann"

"Nimm Dir Zeit, nicht gleich den Nächsten" lautete der Titel eines Ratgebers. Leider halten wir uns nicht immer daran. Es ist wirklich oft reichlich schwer, längere Zeit allein zu bleiben. Vielleicht sehnen wir uns nach Zärtlichkeit oder brauchen eine Schulter zum Anlehnen. Es kann auch sein, dass wir unser lädiertes Selbstbewusstsein wieder aufpäppeln müssen oder nicht ohne Sexualität leben möchten. In dieser Situation tut es uns gut, einen Mann zur Seite zu haben, der das richtige Pflaster auf unseren wunden Punkt legt und unseren derzeitigen Mangel ausgleicht. Solange wir uns dessen bewusst sind und ihm keine falschen Hoffnungen auf eine dauerhafte Verbindung machen, ist nichts dagegen einzuwenden.

Problematisch wird eine solche Beziehung erst, wenn wir übersehen, dass er für uns nur eine bestimmte Funktion erfüllt. Dann erwarten wir einfach zuviel von ihm. Spätestens wenn wir emotional oder körperlich gesättigt sind, wird uns das Defizit deutlich vor Augen treten.

Ein erwachsener Mann ändert sich nicht

Männer, die eines der genannten Handicaps haben, können abgesehen davon ausgesprochen liebenswert sein. Das macht es ja gerade so schwer, sich nur aus Vernunftgründen von ihnen zu trennen. Dennoch sollten Sie es sich wirklich gut überlegen, ob Sie diese Verbindung eingehen wollen. Ich möchte noch einmal betonen, dass Liebe allein wenig nützt. Einen erwachsenen Mann werden Sie kaum grundlegend verändern. Das muss er schon selber wollen - und ohne Leidensdruck besteht für ihn gar kein Grund. Zudem benötigt er bei einigen der genannten Probleme fachliche Hilfe, und damit tun sich Männer besonders schwer.

Von einem Kollegen habe ich den guten Satz gehört: "Verlieben Sie sich nicht in ein Potential." Was nutzt es Ihnen, wenn er die besten Anlagen hat, liebevoll, erfolgreich oder ein guter Vater zu sein, sie aber nicht auslebt? Wollen Sie einen Schatz oder wollen Sie sich jahrelang auf Verdacht als Schatzgräberin betätigen? Wenn er seine Möglichkeiten bisher nicht entwickelt hat, ist das kein Zufall, sondern hat seine tieferen Gründe. Fragen Sie sich deshalb: Kann ich ihn so annehmen, wie er *jetzt* ist? Falls nicht, sollten Sie die Finger davon lassen.

Suchanzeige für den falschen Mann

Die genannten Problem-Männer sind schon nach kurzer Zeit zu identifizieren. Doch nicht immer gibt es so klare Warnzeichen dafür, dass uns ein Mann schadet. Oft erkennen wir das erst aus einer gewissen Distanz, weil wir in dieser Beziehung einen blinden Fleck haben. Um den herauszufinden, schlägt die amerikanische Paarberaterin Barbara de Angelis ein ebenso humorvolles wie wirkungsvolles Hilfsmittel vor. Man soll eine Suchanzeige für negative Eigenschaften formulieren, um zu erfahren, für welche Schwächen man anfällig ist.

Das liest sich dann etwa so:

> "Macho für feste Beziehung gesucht. Du solltest davon überzeugt sein, dass Frauen nur als schmückendes Beiwerk taugen. Männer, die mich ernst nehmen, haben keine Chance. Wutausbrüche sind ein zusätzliches Plus. Falls du jemanden suchst, der dich liebt, egal wie du dich verhältst, dann bin ich die Richtige für dich."
>
> Oder: "Bequemer Typ gesucht, der den Mund nicht aufkriegt. Zeichensprache reicht völlig aus. Ich schätze einen Mann, der am liebsten auf der Couch liegt und die Sportschau sieht. Je langweiliger du bist, desto größer sind deine Chancen. Du darfst außerdem nie zugeben, dass wir Probleme haben. Und Sex ist völlig unwichtig."

Als Doreen, eine 34jährige Lehrerin, von der Möglichkeit einer solchen Suchanzeige hörte, probierte sie das gleich aus. Vor einigen Wochen hatte sie einen Mann kennengelernt und war unsicher, ob er wohl der Richtige für sie sei. Ihr neuer Freund war Schauspieler an einem kleinen Theater und fühlte sich bereits als Star. Ihre Gespräche kreisten meist um seine Probleme, seine Interessen und Zukunftsaussichten. Doreen fühlte sich mehr und mehr in die Rolle des Publikums gedrängt. Ihre Suchmeldung lautete: "Graue Maus sucht genialen Narziss. Anerkennung für meine Arbeit ist unnötig, da meine

Tätigkeit spießig und unkreativ ist. Ich bin bereit, mich dir ganz zu widmen, wann immer du möchtest." Als Doreen das schwarz auf weiß las, verzichtete sie darauf, die Beziehung zu vertiefen.
Wenn Sie möchten, formulieren Sie doch selbst einmal eine Suchanzeige auf der Basis Ihrer früheren Beziehungen. Auf diese Weise sehen Sie deutlicher, was Sie eventuell bei einem neuen Partner hinnehmen würden. Es kann gut sein, dass Sie mit Hilfe dieser Übung eine der folgenden Eigenschaften deutlicher erkennen:

- Er ist ein Egozentriker. Alles muss sich um ihn drehen. Wichtig sind nur sein Job, sein Tagesablauf, seine Pläne, seine Gefühle.
- Er will sich nicht binden. Entweder sagt er das gleich klipp und klar, oder er hält Sie mit immer neuen Zweifeln an der Partnerschaft hin.
- Er sieht sich als armes Opfer. Seine Kindheit, sein Chef, die Umstände, Sie, die Sterne oder ein ungerechtes Schicksal sind schuld, nur er nicht!
- Er will alles unter Kontrolle haben. Sie müssen ihn z.B. von unterwegs anrufen, damit er immer weiß, wo Sie gerade sind. Wenn Sie etwas organisieren, überprüft er das immer noch einmal.
- Er ist geizig. Er besteht auf getrennten Kassen und rechnet auf den Cent ab. Am schlimmsten ist, dass er sich nicht einmal selbst etwas gönnt.
- Er behandelt Sie ohne Respekt. Etwa indem er Sie klein macht und vor anderen kritisiert, Sie warten lässt oder herablassend mit Ihnen spricht.
- Er nimmt Ihre Gefühle nicht ernst. Stattdessen hält er mit Argumenten solange dagegen, bis Sie in Tränen ausbrechen oder einen Wutanfall kriegen. Auf jeden Fall setzt er Sie mit Logik ins Unrecht.
- Er vermittelt Ihnen, dass Sie nur die zweite Wahl sind. Entweder schwärmt er von seinen früheren Freundinnen oder mäkelt ständig an Ihrer Figur, Ihrer Bildung und Ihrer Intelligenz herum.

Wenn Sie erkennen, dass der Mann, der Sie als potentieller Partner interessiert, solche oder andere negative Eigenschaften aufweist, können Sie natürlich versuchen, mit einem offenen Gespräch etwas daran zu ändern. Ich bin aber ehrlich gesagt nicht besonders optimistisch, was den Erfolg angeht. Gerade solche Züge sind sehr hartnäckig und Sie werden sich vermutlich in fruchtlosem Kampf zermürben. Vielleicht ist es besser, Ihre Energie woanders sinnvoll einzusetzen.

Ziehen Sie rechtzeitig die Reißleine

Sobald Sie für sich erkannt haben, dass Sie mit diesem Mann kaum glücklich werden, ist es an der Zeit, Konsequenzen zu ziehen. Das kann schon nach dem ersten Treffen der Fall sein, aber auch erst nach einigen weiteren. Warten Sie jedenfalls nicht zu lange. Je weniger gemeinsame Geschichte Sie miteinander haben, desto leichter wird Ihnen die Trennung fallen.

Es geht wohl keinem von uns locker über die Lippen, zu sagen, dass es aus ist. Trotzdem führt kein Weg daran vorbei: Eine Verbindung, die nicht gut für Sie ist, sollten Sie beenden. Damit zeigen Sie schließlich auch Respekt vor Ihrem Partner, denn unterschwellig spürt er gewiss, dass Sie ihn nicht voll akzeptieren.

Bleiben Sie fair

Vermeiden Sie alles, was Ihr Gegenüber unnötig verletzen könnte. Ob Sie Ihr Nein genauer begründen wollen, entscheiden Sie selbst. Handelt es sich um eine Begegnung, bei der noch keine große Nähe entstanden ist, müssen Sie an diesem Punkt nicht allzu ausführlich werden. Es reicht, wenn Sie ihm Ihre Entscheidung mitteilen. Um den Gesprächspartner nicht zu kränken, empfiehlt sich die "Sandwich-Methode": Die bittere Wahrheit wird zwischen zwei freundliche

Aussagen gepackt. Doch sollte man sie dabei nicht so verstecken, dass das Gegenüber den Entschluss nicht ernst nimmt.

Allerdings kann eine ehrliche Auseinandersetzung auch ein wertvolles Geschenk sein. Wenn der Mann erfährt, was er falsch gemacht hat, hilft ihm das, in Zukunft Fehler zu vermeiden. Ein nützlicher Hinweis für solche Gespräche stammt aus der Kommunikationspsychologie: Sinnvoller als Vorwürfe sind "Ich-Botschaften". Sagen Sie, was Ihnen nicht gepasst hat und wie es Ihnen damit geht. Ihr Gesprächspartner kann das gerne anders sehen, aber niemand darf Ihnen das Recht auf Ihre eigenen Gefühle und Wünsche absprechen.

Lassen Sie sich keine Schuldgefühle machen

Mitleid ist ein schlechter Ratgeber. Es verführt leicht dazu, sich zurückzunehmen, nur weil der arme Mann so sehr leidet. Für uns Frauen ist es typisch, für alles Verständnis zu haben und immer erst die Schuld bei uns zu suchen. Das ist jedoch eine denkbar schlechte Basis, um dem falschen Mann Adieu zu sagen. An Ihrem Entschluss sollte sich nichts ändern, nur weil Sie sein Verhalten verstehen können. Dass ihn sein Vater geschlagen hat oder seine Mutter früh verstarb, ist zwar traurig, aber noch lange kein Grund für Sie, alles zu ertragen. Die Frage nach dem Warum führt hier nicht weiter. Was nutzt es Ihnen, wenn Sie lange grübeln, ob Sie mit Ihrem Entschluss vielleicht zu hart, zu ungeduldig oder zu wenig kompromissbereit sind? Entscheidend ist, dass Sie erkannt haben, dass es für Sie beide keine gemeinsame Zukunft gibt.

Vergessen Sie nicht, dass es um Ihr Glück geht. Außerdem werden Sie sich wundern, wie ungeheuer schnell er sich tröstet, sobald klar ist, dass es wirklich kein Zurück mehr gibt. Das klingt jetzt vielleicht zynisch, ist aber eine Erfahrung, die ich schon häufig in meiner Praxis und im Freundeskreis miterleben konnte.

Britta hatte die größten Skrupel, ihren Freund im Elend zurückzulassen. Er ertränkte seinen Kummer in Alkohol, lief mit rotgeränderten Augen und Dreitagebart herum und vernachlässigte seine Arbeit. Immer wieder rief er Britta an und beschwor sie, doch noch mal in Ruhe über alles zu sprechen. Britta blieb eisern, obwohl sie sich große Sorgen um ihn machte und von Schuldgefühlen geplagt wurde. Es dauerte keine drei Monate, da zog an Brittas Stelle eine Neue bei ihm ein.

Lassen Sie sich vor allem nicht einreden, dass Sie es sind, die ein Problem hat. Etwa wenn Sie beide sexuell nicht harmonieren, und er behauptet, Sie seien frigide. Oder wenn Sie unter seiner distanzierten Art leiden und er Ihnen einreden will, Sie klammern zu sehr. Mit einem anderen Mann kann sich diese Schwierigkeit sehr schnell auflösen.

Lassen Sie sich nicht erpressen

Besonders schwierig ist es, sich zu trennen, wenn der Partner darauf in extremer Form reagiert. Als eine Klientin von mir nach einigen Wochen eine Beziehung lösen wollte, in der sie sich schlecht fühlte, drohte ihr Freund damit, sich umzubringen. Manche Männer wollen auch durch Psychoterror eine Fortsetzung erzwingen. Die Polizei kann ein Lied davon singen, wie Frauen von abgewiesenen Männern mit Telefonanrufen, übler Nachrede und Gewalt so terrorisiert werden, dass sie sich nur durch ein Gerichtsurteil oder den Umzug in eine andere Stadt retten können. Stalking ist ein strafbares Vergehen

Drohungen jeder Art sind durchaus ernst zu nehmen. Schützen Sie sich davor und organisieren Sie Hilfe. Lassen Sie sich aber trotzdem nicht von Ihrem Entschluss abbringen. Erpressung ist keine Basis für eine Beziehung. Deshalb sollten weder Schuldgefühle noch Angst Sie darin ausharren lassen.

Quälen Sie sich nicht durch Unschlüssigkeit

Wenn Sie sich bereits mit Ihrer inneren Zwiespältigkeit auseinandergesetzt haben, brauchen Sie davor jetzt keine Angst mehr zu haben. Sie dürfen sicher sein, dass Ihre Entscheidung gegen einen unpassenden Partner nicht bedeutet, dass Sie unbewusst vor einer Bindung flüchten. Machen Sie sich also nicht durch unnötige Bedenken verrückt. Vor allem die folgenden sind in den meisten Fällen eine völlig unnötige Bremse:

- So einen Mann wie diesen bekomme ich nie wieder. Deshalb sollte ich mich mit seinen Schwächen abfinden.
- Vielleicht liegt es ja nur an mir, dass unsere Beziehung nicht gut ist. Ich sollte mehr an mir arbeiten.
- Ich muss ihm Zeit lassen. Er ändert sich bestimmt noch.

Solche Überlegungen führen nur dazu, dass Sie in einer "Besser-als-nichts"-Beziehung verharren und Ihr Glück auf eine ungewisse Zukunft verschieben. Erinnern Sie sich bitte noch einmal an den Anfang dieses Buches: Wenn Ihr Herz, Ihre Wohnung, Ihre Zeit und Energie besetzt sind, findet kein neuer Partner dort Platz. Sie müssen klare Verhältnisse schaffen. Letztlich ist ein radikaler Schnitt im Moment zwar schmerzhaft, aber für alle Beteiligten besser, als sich langsam aus der Beziehung zu schleichen.

Männer sind anders

Schade wäre es allerdings, wenn Sie einen Partner nur deshalb ablehnen, weil Sie einander missverstehen. Deshalb möchte ich mit Ihnen gerne einen Blick auf die Kommunikationspsychologie werfen. Möglicherweise finden Sie da eine Erklärung für manches, das Sie bisher an einem Mann gestört hat.

Deborah Tannen, Professorin für Soziolinguistik an der US-amerikanischen Georgetown-Universität, hat den Gesprächsstil von Männern und Frauen analysiert. Sie kommt zu dem Schluss, dass es Unterschiede gibt, die sich gravierend auf die Beziehung auswirken können. Wir nehmen zum Beispiel einen Mann leicht als desinteressiert, autoritär und unnahbar wahr, obgleich seine Art zu reden in Wirklichkeit nur den Stil widerspiegelt, den er schon als Junge gelernt hat. Oder wir stoßen uns an scheinbar überheblichem Auftreten, ohne uns bewusst zu machen, dass dies eher einem männlichen Kommunikationsstil als einem tatsächlichen Überlegenheitsgefühl entspricht. Von daher ist es wichtig, die Gesetzmäßigkeiten zu kennen, nach denen sich Männer verhalten, anstatt von vornherein unsere eigenen Maßstäbe auf sie zu übertragen:

- Männer stellen viel seltener persönliche Fragen. Sie neigen zu der Ansicht: "Wenn sie mir etwas mitteilen will, wird sie das schon tun." Während Fragen für uns Frauen ein Zeichen von Nähe und Ausdruck liebevollen Interesses sind, empfinden Männer sie eher als aufdringlichen Eingriff in ihre Intimsphäre.
- Frauen äußern sich im Gespräch häufig zustimmend. Durch Signale wie Kopfnicken oder "hm" möchten wir zum Sprechen ermutigen und signalisieren, dass wir aufmerksam sind. Ein Mann reagiert in der Regel nur so, wenn er dem inhaltlich zustimmt, was er hört. Von daher passiert es häufig, dass er unsere Signale als Zustimmung interpretiert und sich später getäuscht fühlt, wenn wir eine andere Meinung vertreten.
- Männer werfen während eines Gespräches oft Kommentare ein, anstatt zu warten, bis ihr Gegenüber seinen Satz beendet hat. Sie bestreiten und bezweifeln auch eher Äußerungen der anderen und verkünden ihre Meinung oft kategorisch, etwa "Das ist doch Unsinn."
- Wenn Frauen unter sich sind, teilen sie ihre Gefühle mit. Männer dagegen sprechen miteinander nur ungern über persönliche Themen. Lieber weichen sie auf Sport oder Politik aus. Ein Beispiel

dafür: Charlottes Mann spielt seit vielen Jahren in einer Pokerrunde. Einer aus dem Kreis ist kürzlich von seiner Frau verlassen worden. Als ihr Mann vom Pokerabend nach Hause kam, fragte Charlotte ihn: "Wie geht es eigentlich Oliver?" Die Antwort war: "Keine Ahnung, über so etwas haben wir nicht geredet."

- Frauen reden über Probleme, indem sie einander Erfahrungen mitteilen und sich gegenseitig bestätigen. Männer glauben, wenn man mit ihnen ein Problem anspricht, will man einen guten Rat und nicht bloß ein offenes Ohr.

Deborah Tannen bringt dazu ein Beispiel aus ihrem Freundeskreis: Eve hatte sich einen Knoten aus der Brust entfernen lassen und war unglücklich über die Narbe. Ihre Schwester reagierte verständnisvoll: "Ja, ich weiß, nach meiner Operation habe ich auch lange gebraucht, um mich an die Narbe zu gewöhnen." Eves Mann sagte: " Wenn dich die Narbe stört, kannst du ja zum Schönheitschirurgen gehen, um sie zu kaschieren und deine Brustform korrigieren zu lassen." Bei Eve kam an, sie solle sich wieder unters Messer begeben. Wütend protestierte sie: "Ich werde mich nicht noch mal operieren lassen, bloß weil dir mein Busen nicht gefällt." Ihr Mann fiel aus allen Wolken, denn er hatte ihr mit seinem Lösungsvorschlag ehrlich helfen wollen.

Mit den soziolinguistischen Ergebnissen lässt sich eine Brücke zwischen den Geschlechtern bauen. Männer können von uns Frauen lernen, wie man Gefühle ausdrückt, während wir von ihnen übernehmen, direkter und klarer unsere Meinung zu sagen. Auf jeden Fall ist es nützlich, eine Übersetzungshilfe für einander im Kopf zu haben.

Den Richtigen finden

Nachdem Sie die meisten Möglichkeiten, an einen falschen Mann zu geraten, ausgeschaltet haben, ist es an der Zeit, zu überlegen, wie denn nun der richtige aussehen soll.

"Der Mann für dich muss wohl erst noch gebacken werden", sagte meine Nachbarin genervt zu ihrer Tochter, die in puncto Männer äußerst wählerisch ist. Ähnliches hören wir, sobald wir sagen, wie wir uns den idealen Partner vorstellen: "Man kann nicht alles haben" oder "Man muss schließlich Kompromisse machen" sind typische Ratschläge, die uns davon abhalten, Ansprüche zu stellen. Aber warum sollten wir uns eigentlich bescheiden? Was für den Beruf gilt, lässt sich auch auf die Liebe anwenden. Wer seine Ziele hoch steckt, erreicht etwas. Wenn wir annehmen, bestimmte Eigenschaften eines Partners kämen für uns nicht in Frage, verbirgt sich dahinter meist ein Minderwertigkeitsgefühl. Wir glauben: "So einen Mann kriege ich nie." Das Dumme ist nur, dass mit falscher Bescheidenheit die Ansprüche nicht automatisch verschwinden. Wünsche lassen sich nun mal nicht einfach wegdenken. Scheinbare Vernunftgründe führen höchstens dazu, dass wir uns mit einem Mann begnügen, der uns nicht entspricht und an dem wir dann heimlich zweifeln.

Wie soll er sein?

Ich möchte Sie ermutigen, sich erst einmal ohne jede Zensur über Ihre Wünsche klar zu werden. Sehnsüchte sind ein wichtiger Hinweis darauf, was Sie brauchen und womit Sie glücklich werden. Deshalb sollten Sie sie sich sehr genau anschauen. Ob Ihre Ansprüche tatsächlich zu hoch sind, lässt sich dann immer noch überprüfen.

Schreiben Sie auf, wie Sie sich Ihren Partner wünschen. Schwelgen Sie dabei gerne ausgiebig in sämtlichen Eigenschaften, die Ihnen gefallen.

Vielleicht lassen Sie sich von der folgenden Wunschliste anregen:

- Er ist größer als ich.
- Er ist schlank.
- Er ist dunkelhaarig.

- Er sieht gut aus, eher interessant als schön.
- Er interessiert sich fürs Theater.
- Er kleidet sich sportlich-elegant.
- Er hat beim Einrichten der Wohnung den gleichen Geschmack wie ich.
- Er teilt sich mit mir die Hausarbeit.
- Er ist ein Optimist.
- Er ist unternimmt gerne etwas.
- Er redet über seine Erlebnisse und Gefühle.
- Er macht sich Gedanken über andere Menschen.
- Er ist zärtlich.
- Er ist treu.
- Er ist beruflich erfolgreich.
- Er ist ein guter Vater.
- Er ist ein guter Liebhaber.
- Er verwöhnt mich.
- Er nimmt unsere Liebe genauso wichtig wie seinen Beruf.
- Er lässt mir viel Freiheit.
- Er ist selbstbewusst.
- Ich kann mit ihm über alles reden.

Vielleicht soll Ihr Idealpartner lieber Motorrad-Fahrer als Theaterfan sein oder eher leidenschaftlich statt zärtlich. Es kommt nur darauf an, dass Sie Ihr Bild von Ihrem Traum-Mann einmal fixieren.

Und nun gewichten Sie bitte die Eigenschaften auf Ihrer Liste: Welche Qualitäten sind für Sie absolut unverzichtbar, wo würden Sie in keinem Fall Abstriche machen wollen? Schreiben Sie die auf eine neue Liste. Gehen Sie diese zweite Liste durch, und prüfen Sie, ob Eigenschaften dabei sind, die einander auf den ersten Blick ausschließen. Es dürfte beispielsweise schwierig sein, einen Mann zu finden, der in seinem Beruf sehr engagiert ist und gleichzeitig viel Zeit für die Familie hat. Überlegen Sie bitte, welche dieser beiden konträren

Eigenschaft Ihnen jeweils wichtiger ist und streichen Sie die andere durch.

Eigenschaften, auf die Sie achten sollten.

Sie haben Ihr individuelles Bild von einem zukünftigen Partner erstellt. Darüber hinaus gibt es aber noch einige grundsätzliche Qualitäten, die Sie für eine gute Beziehung berücksichtigen sollten. Barbara de Angelis meint sogar: "Der Schlüssel, den richtigen Partner zu finden, ist, nach einem Mann mit einem guten Charakter zu suchen, nicht nur nach einem mit einer guten Persönlichkeit." Sie betont, dass sich der Charakter eines Mannes darauf auswirkt, wie er mit sich selbst, mit seiner Frau und mit seinen Kindern umgeht. Die folgenden Qualitäten spielen dabei eine große Rolle:

- **Er ist zu persönlicher Entwicklung bereit**
  In der Humanistischen Psychologie spricht man von "Personal Growth", von persönlichem Wachstum, wenn ein Mensch fähig ist, sich positiv zu verändern. Er ist in der Lage, sich mit sich und seiner Umwelt auseinanderzusetzen und an seinen Schwächen zu arbeiten.

- **Er ist emotional offen**
  Männer und Frauen haben zwar eine unterschiedliche Art, Gefühle zu zeigen, das heißt aber nicht, dass wir von unserem Partner keine Emotionen erwarten dürfen. Im Gegenteil, er sollte sich ihrer bewusst sein und sie auch ausdrücken können.

- **Er ist integer**
  Dazu gehört, dass er vertrauenswürdig ist, dass man sich auf ihn verlassen kann, dass er loyal und ehrlich ist. Kurz gesagt: Sie müssen sich bei ihm sicher und geborgen fühlen.

- **Er schätzt sich selbst.**
  Gemeint ist nicht eine egozentrische Einstellung, sondern Selbstachtung. Ihr Partner kann Sie nur in dem Maße lieben, in dem er sich selbst liebt.

- **Er hat eine positive Einstellung zum Leben.**
  Ob Sie sich mit einem Optimisten oder einem Pessimisten zusammentun, kann Ihr Lebensgefühl entscheidend beeinflussen. Während der erste bei Problemen aktiv nach Lösungen sucht, glaubt der zweite nicht daran, dass sich etwas ändern lässt. Offenheit steht gegen Misstrauen, Schwung gegen Lähmung.

Sie werden vermutlich kaum den Idealmann finden, der alle diese Eigenschaften bereits voll entwickelt hat, doch deutliche Ansätze dafür sollten schon vorhanden sein.

Ihre Lebenskonzepte müssen ähnlich sein.

Noch eine letzte wichtige Ergänzung zu Ihrer Wunschliste: Es reicht nicht aus, wenn ein Partner Ihre vielfältigen persönlichen Ansprüche erfüllt. Darüber hinaus müssen sich seine Vorstellung von Partnerschaft und seine Lebensplanung mit Ihrer decken. Sonst werden Sie in der Beziehung leiden, egal wie gut Sie sich verstehen.

Vor einem halben Jahr hatte Alexa, eine fünfunddreißigjährige Bibliothekarin, den Mann ihres Lebens gefunden. Nicolas hatte alles, was sie sich immer gewünscht hatte. Er war sensibel, zärtlich und interessant. Und nun saß Alexa in meiner Praxis und war trotz allem todunglücklich. Nicolas wollte nämlich grundsätzlich kein Kind - und für Alexa tickte die biologische Uhr. Sie wusste nicht, wie sie sich entscheiden sollte. Sollte sie Nicolas verlassen, obwohl sie ihn liebte, nur weil sie ein Kind wollte?

Bei Unvereinbarkeit schon in einem einzigen Punkt des Lebenskonzeptes kann Ihre Beziehung zum Scheitern verurteilt sein oder Ihnen zumindest viel Kummer bereiten. Gehen Sie in keinem Fall darüber hinweg, sondern klären Sie das gleich zu Anfang.

Prüfen Sie, ob Sie in den folgenden Einstellungen übereinstimmen:

- Wollen Sie beide Kinder?
- Haben Sie die gleiche Vorstellung von Treue innerhalb einer Beziehung?
- Sind Sie sich einig, wie viel Freiheit jeder haben darf?
- Haben Sie die gleiche Einstellung zur Rolle von Mann und Frau?
- Haben Sie eine ähnliche Einstellung zu Beruf und Karriere?
- Wünschen Sie die gleiche Form der Verbindung, z.B. Heirat, Zusammenleben ohne Trauschein, lockere Beziehung?

Märchenprinzen gibt es nicht

Keine Sorge, ich will Sie nicht hintenherum dazu bringen, nun doch an Ihrer Wunschliste herumzustreichen. Sie haben selbstverständlich ein Recht auf Ihre Ansprüche. Wenn ich Sie darum bitte, trotzdem flexibel zu bleiben, heißt das nur, dass Sie keine starre Schablone daraus machen sollen. Menschen sind so vielfältig, dass sie sich nicht einfach in ein Raster pressen lassen. Falls Sie strikt darauf beharren, so und nicht anders müsse Ihr Liebster aussehen, gehen Sie vielleicht an den Männern vorbei, die zwar nicht haargenau Ihr Idealbild treffen, aber ebenso gut zu Ihnen passen.

Susan Page kann das aus eigener Erfahrung bestätigen: Zielstrebig und konsequent war sie auf der Suche nach einem Partner und hatte genaue Vorstellungen von ihrem Idealmann. Er sollte gut aussehen und Akademiker sein, am besten Professor. Auf der Party einer Freundin traf sie dann ihren zukünftigen Mann: Er hatte kaum noch

Haare auf dem Kopf und verdiente sein Geld als Keramiker - aber er besaß alles, was für sie wirklich wichtig war, nämlich Stärke, Warmherzigkeit und Zärtlichkeit.

Susan Page zieht daraus ihr Fazit: "Ich habe ein für allemal gelernt, dass das Schicksal selten so daherkommt, wie man es sich ersehnt. Wenn man sich die Einzelheiten seines Lebenstraumes ausmalt, kann man sicher sein, dass es bestimmt nicht so kommen wird. Wenn man seinen Träumen verfolgt, erhält man die Substanz seines Traumes, aber wahrscheinlich nicht in irgendeiner spezifischen Form, die man sich ausgemalt hat."

Auch der für Sie ideale Partner hat mit Sicherheit seine Schwächen. Vielleicht wirkt er zu still, wenn Sie Gäste eingeladen haben. Oder ihm liegt es nicht, Ihnen Komplimente zu machen. Möglicherweise zeigt er nicht genug Ehrgeiz, um in seiner Firma weiterzukommen. Es kann sein, dass er gerne ein bisschen angibt, dass er sich nichts aus Opern macht, dass er manchmal zu Besitz ergreifend ist, dass er Probleme mit der Ordnung hat.

Sie müssen damit rechnen, dass der Mann Ihres Lebens kein Märchenprinz ist, sondern in bestimmten Punkten eine gehörige Portion Toleranz von Ihnen verlangt. Das Zusammenleben mit ihm wird nicht nur eitel Sonnenschein sein, sondern auch Arbeit bedeuten. Wenn Sie auf einen vollkommenen Mann warten, blockieren Sie sich. Marianne Williamson sagt: "Der Gedanke an eine besondere Person, die da draußen existiert und uns erlösen wird, ist eine Schranke vor der Liebe." Es ist zwar wichtig, genau zu wissen, worauf Sie nicht verzichten wollen, aber deshalb sollten Sie trotzdem kein unerreichbares Ideal verlangen.

Sie wissen, wie er sein soll - und nun?

Sie haben die Eigenschaften Ihres idealen Partners entworfen und fragen sich jetzt sicher, wie sich dieses Bild auf die Realität übertragen lässt. Schließlich können Sie nicht zum ersten Treffen gleich Ihre Wunschliste mitbringen und sie Punkt für Punkt abhaken. Im Prinzip funktioniert die Partnersuche aber auf längere Sicht gesehen genauso.

Sie müssen Ihren potentiellen Partner in den Bereichen beobachten, die Sie für sich als wichtig erkannt haben. Zum Beispiel: Wie verhält er sich, wenn Sie mit Grippe im Bett liegen? Geht er nur mit Ihnen unter Leute, wenn Sie top gestylt sind? Sieht seine Wohnung aus, als wäre ein Tornado durchgefegt? Wie redet er über seine früheren Partnerinnen?

Zusätzlich sollten Sie genügend Fragen stellen. Natürlich sind Sie selbst so klug, keine Inquisition zu veranstalten. Wenn Sie sich bereits beim ersten Date erkundigen: "Wollen Sie Kinder?" oder "Was verdienen Sie denn so?", werden Sie einen Mann garantiert von vornherein verprellen. Doch im Gespräch werden meist ohnehin verschiedene Themen angeschnitten, bei denen es Möglichkeiten gibt, unverfänglich nachzufragen.

Halten Sie unbedingt die Augen offen, und seien Sie nicht vor Liebe blind. Die ganze Mühe und die vielen Gedanken, die Sie sich bis hierher gemacht haben, dienen schließlich dazu, dass Sie bekommen, was Sie wollen.

Befragen Sie auch wirklich gute Freunde, welchen Eindruck sie von Ihrem neuen Bekannten gewonnen haben. Mir ist durchaus bewusst, dass das eine zweischneidige Angelegenheit ist, weil Sympathie und Antipathie, Eifersucht und Vorurteile der anderen hier hineinspielen können. Dennoch glaube ich, dass Menschen, die Sie lieben, auch ein gutes Auge für Sie haben und viel leichter erkennen, welche Schattenseiten Ihr neuer Freund hat. Hören Sie sich deshalb ihre Kritik zumindest an, ohne gleich beleidigt zu reagieren.

Das letzte Wort hat Ihre innere Stimme

Während einer Fortbildung für Coaches sagte ein Teilnehmer anerkennend zu der Leiterin: "Sie treffen intuitiv immer das Richtige." Sie antwortete: „Was Sie Intuition nennen, ist die Summe meines Wissens gepaart mit meinem Gefühl." Ich bin sicher, dass diese Kombination inzwischen auch für Sie gilt.

Wenn Sie alle Schritte sorgfältig gegangen sind, haben Sie viele Informationen über sich selbst gewonnen und wissen, worauf es für Sie bei einem Partner ankommt. Sie dürfen sich nun auf Ihre Intuition verlassen. Als innere Stimme wird sie warnen, wenn Sie lieber die Finger von einer Verbindung lassen sollten. Und sie wird Ihnen Mut machen, das Wagnis einer Partnerschaft einzugehen, wenn es der passende Mann ist. Sie haben jetzt alles in der Hand, um sich richtig zu entscheiden. Vertrauen Sie sich.

Nimm den!

Zum Schluss

Am liebsten würde ich diesem Buch nun noch wie bei Harry Potter einen Zauberstab beilegen, damit Sie auch auf der Stelle dem richtigen Partner begegnen. Aber leider geht das nicht - und eigentlich ist auch gar kein Zauberstab nötig. Ich bin sehr sicher, dass nach all der inneren und äußeren Vorarbeit, die Sie bis hierher geleistet haben, der richtige Mann schon kommen wird. Woher ich diese Gewissheit nehme, möchte ich Ihnen mit der folgenden Geschichte zeigen:

Vor einigen Jahren leitete ich ein Seminar mit dem Thema "Von der Liebe enttäuscht - ich gerate immer an den Falschen." Eine der Teilnehmerinnen war Ida, eine zweiunddreißigjährige Dolmetscherin. Ida hatte bisher nur frustrierende Beziehungen hinter sich. Ein Mann war verheiratet, ein anderer hatte etwas mit ihrer besten Freundin angefangen, der dritte wollte sich nicht festlegen. Seit drei Jahren lebte Ida alleine.

Während des Seminars fand sie heraus, warum ihre Beziehungen bisher so unglücklich verliefen. Sie hatte immer vermieden, selbst auf einen Mann zuzugehen, der ihr gefiel, sondern immer passiv gewartet, bis sie ausgesucht wurde. Damit hatte sie unglücklicherweise Männer in ihr Leben gelassen, die nicht zur ihr passten.

Am Ende des Seminars war Ida fest entschlossen, das zu ändern. Innerlich gestärkt und viel selbstbewusster fuhr sie nach Hause. Fünf Monate später traf ich sie zufällig bei einem Vortrag. Strahlend sagte sie: "Ich habe mich verlobt." Ich freute mich mit ihr und fragte etwas neugierig: "Wann haben Sie Ihren Verlobten denn kennen gelernt?" Ihre Antwort verblüffte selbst mich Optimistin: "An dem Tag, an dem ich vom Seminar nach Hause kam." Und dann sagte sie etwas sehr Schönes: "Sven gehörte schon vorher zu meinem Bekanntenkreis. Aber erst nachdem sich bei mir innerlich etwas geändert hatte, konnte ich ihn wahrnehmen."

Kein Zauberstab, aber äußerst wirksam

MagicMe-Coaching

"Entfalte, was in Dir steckt!"

Das innovative Online-Coaching für Frauen

Speziell für Frauen hat Dr. Eva Wlodarek im Internet das MagicMe -Coaching entwickelt.

Mithilfe dieses Onlinecoaching-Programms entfalten Sie, was in Ihnen steckt. Für mehr Erfolg und mehr persönliches Glück.

Die Wirksamkeit des MagicMe-Coachings beruht darauf, dass Sie auf Ihre Person zugeschnittene Anleitungen, Übungen, Empfehlungen erhalten. Grundlage sind drei spezielle Onlinefragebögen.

Das MagicMe-Coaching können Sie in Ihrem Tempo, zur gewünschten Zeit durchführen und nach Belieben wiederholen.

Investieren Sie in mehr Glück und Erfolg ! Als Leserin dieses Buches zahlen Sie nur 79 € statt 99 €. Bei Ihrer Registrierung geben Sie bitte den Aktionscode „Passt genau“ an.

www.magicme-coaching.de

Für alle, die ihr Schicksal in die Hand nehmen wollen.

Das erste Wunschbuch für Realisten mit seriösen und wirklich wirksamen Tipps aus der Psychologie.

2009. 216 Seiten.
Auch als E-Book erhältlich

Über die Macht des Augenblicks, wie man ihn beherzt nutzt und damit sein Schicksal positiv beeinflussen kann.

2012. 222 Seiten.
Auch als E-Book erhältlich

campus.de

campus
Frankfurt. New York

Eva Wlodarek

Mich übersieht keiner mehr

Größere Ausstrahlung gewinnen

Band 14458

Sie wird umschrieben als »ein geheimnisvoller Zauber«, »das gewisse Etwas, das Menschen auf uns aufmerksam macht« oder als »eine Art Harmonie«. Und obwohl sie für jeden im Detail etwas anderes bedeutet, so wissen wir doch alle: Unsere positive Ausstrahlung bestimmt unser Auftreten. Mit ihr steht und fällt unsere Wirkung auf andere, sie ist damit die Voraussetzung für Erfolg in allen Bereichen des Lebens.

Doch wer ist schon richtig glücklich mit seiner Ausstrahlung? Frauen jeder Bildungsstufe, jeder Altersgruppe und jeglichen Aussehens haben Probleme. Sie zweifeln an sich selbst und an ihrer Wirkung auf andere. Sie stellen ihr Licht unter den Scheffel. Sie sind sich ihrer eigenen Wirkung nicht bewusst und reagieren mit Staunen, wenn sie ein positives oder negatives Feedback bekommen. Die Autorin bietet das psychologische und praktische Know-how, um an der eigenen Ausstrahlung zu arbeiten. In zehn Schritten lernen Sie, Ihre persönliche Ausstrahlung zu entwickeln.

Fischer Taschenbuch Verlag

fi 14458 / 1

Eva Wlodarek

Spielregeln des Lebens

für mehr Glück und Erfolg

Band 15697

Sie wissen genau, was Sie wollen: reich und glücklich sein, eine harmonische Beziehung haben, Karriere machen, Freunde gewinnen, etwas Sinnvolles schaffen, ein interessantes Leben führen. Doch wie sich das erreichen lässt, ist Ihnen weniger klar?

Eva Wlodarek hat diese unverzichtbare Anleitung zum Glück geschrieben. Sobald Sie die Spielregeln konsequent anwenden, wird sich Ihr Leben positiv verändern. Sie werden weiter kommen, als Sie es sich je erträumt haben, und glücklicher und erfolgreicher sein als je zuvor.

Fischer Taschenbuch Verlag

fi 15697 / 1

Dr. Gestmann & Partner
DIE AUFMERKSAMKEITS-AGENTUR

„Wir Menschen vertrauen nur dem, den wir kennen. Und wir sind nur dem treu, dem wir vertrauen“.
Prof. Dr. Dr. h.c. mult. Heribert Meffert

Bekannt und gefragt zu sein, ist weder Glück noch Zufall. Sondern das Ergebnis perfekter Medienarbeit.

Dr. Michael Gestmann bringt Buchautoren, Experten, Unternehmer wie Freiberufler auf die „mediale Bühne“.

Die Effekte: Höhere Bekanntheit! Höhere Bedeutung! Mehr Kontakte! Mehr Kunden! Mehr Umsätze!

www.gestmann-partner.de

report psychologie kompakt

report psychologie kompakt ist ein monatlich erscheinender E-Mail-Informationsdienst, der interessierten Leserinnen und Lesern einen Einblick bietet, wie bunt und vielfältig das Thema Psychologie sein kann.

Hinter **report psychologie kompakt** steht der Berufsverband der Psychologinnen und Psychologen e.V. (BDP) mit seinem Verbandsmagazin **Report Psychologie**, das zehnmal im Jahr an alle rund 12.000 Verbandsmitglieder versendet wird.

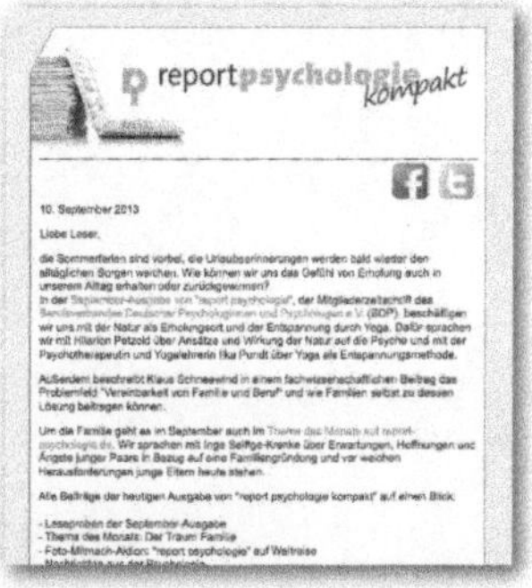

report psychologie kompakt

10. September 2013

Liebe Leser,

die Sommerferien sind vorbei, die Urlaubserinnerungen werden bald wieder den alltäglichen Sorgen weichen. Wie können wir uns das Gefühl von Erholung auch in unserem Alltag erhalten oder zurückgewinnen?
In der September-Ausgabe von "report psychologie", der Mitgliederzeitschrift des Berufsverbandes Deutscher Psychologinnen und Psychologen e.V. (BDP), beschäftigen wir uns mit der Natur als Erholungsort und der Entspannung durch Yoga. Dafür sprachen wir mit Hilarion Petzold über Ansätze und Wirkung der Natur auf die Psyche und mit der Psychotherapeutin und Yogalehrerin Ilka Pundt über Yoga als Entspannungsmethode.

Außerdem beschreibt Klaus Schneewind in einem fachwissenschaftlichen Beitrag das Problemfeld "Vereinbarkeit von Familie und Beruf" und wie Familien selbst zu dessen Lösung beitragen können.

Um die Familie geht es im September auch im Thema des Monats auf report-psychologie.de. Wir sprachen mit Inge Seiffge-Krenke über Erwartungen, Hoffnungen und Ängste junger Paare in Bezug auf eine Familiengründung und vor welchen Herausforderungen junge Eltern heute stehen.

Alle Beiträge der heutigen Ausgabe von "report psychologie kompakt" auf einen Blick:

- Leseproben der September-Ausgabe
- Thema des Monats: Der Traum Familie
- Foto-Mitmach-Aktion: "report psychologie" auf Weltreise

Ergänzend dazu bereitet **report psychologie kompakt** in kurzer und prägnanter Form aktuelle Nachrichten aus den verschiedenen Anwendungs- und Praxisfeldern der Psychologie und der psychologischen Forschung auf. Der immer am Monatsanfang erscheinende Infodienst richtet sich auch an interessierte Laien und kann ohne Verbandsmitgliedschaft kostenfrei abonniert werden.

Zur Anmeldung gelangt man über die Homepage von Report Psychologie: **www.report-psychologie.de**

131306

dpv Deutscher Psychologen Verlag GmbH
Am Köllnischen Park 2 · 10179 Berlin · Tel. 030 - 209 166 410 · Fax 030 - 209 166 413
verlag@psychologenverlag.de · www.report-psychologie.de